TOP 10

RIO DE JANEIRO

ALEX ROBINSON

PUBLIFOLHA

Praia de Copacabana; Estátua do Cristo Redentor

UM LIVRO DORLING KINDERSLEY

www.dk.com

PUBLIFOLHA

Divisão de Publicações do Grupo Folha
Al. Barão de Limeira, 401, 6º andar,
CEP 01202-900, São Paulo, SP
Tel.: (11) 3224-2186/2187/2197
www.publifolha.com.br

EDITORA-ASSISTENTE: Adriane Piscitelli
COORDENAÇÃO DE PRODUÇÃO GRÁFICA: Mariana Metidieri
PRODUÇÃO GRÁFICA: Rodrigo Luis de Andrade

PRODUÇÃO EDITORIAL
EDITORA PÁGINA VIVA
TRADUÇÃO: Thaïs Costa
EDIÇÃO: Carlos Tranjan
REVISÃO: Pedro Ribeiro, Tácia Soares
DIAGRAMAÇÃO: Bianca Galante

Impresso na Leo Paper, China.

Dados Internacionais de Catalogação na Publicação (CIP)
(Câmara Brasileira do Livro, SP, Brasil)

Robinson, Alex
Top 10 Rio de Janeiro / Alex Robinson ; [tradução Thaïs Costa]. – São Paulo : Publifolha, 2011.

Título original: Top 10 Rio de Janeiro.
ISBN 978-85-7914-306-9

1. Rio de Janeiro (RJ) - Descrição e viagens - Guias I. Título.

11-03253 CDD-918.1531

Índices para catálogo sistemático:

1. Guias de viagem : Rio de Janeiro : Cidade 918.1531
2. Rio de Janeiro : Cidade : Guias de viagem 918.1531

A grafia deste livro segue as regras do Novo Acordo Ortográfico da Língua Portuguesa.

Sumário

Top 10 Rio de Janeiro

As listas Top 10 não estão em ordem de qualidade ou popularidade. As 10 atrações, na opinião dos editores, são iguais em importância.

Foi feito o possível para garantir que as informações deste livro fossem as mais atualizadas até o momento da impressão. No entanto, alguns dados como telefones, preços, horários de funcionamento e informações de viagem estão sujeitos a mudanças. Os editores não podem se responsabilizar por qualquer consequência do uso deste guia, nem garantir a validade das informações contidas nos sites indicados.

Os leitores interessados em fazer sugestões ou comunicar eventuais correções podem escrever para a Publifolha, Al. Barão de Limeira, 401, 6º andar, CEP 01202-900, São Paulo, SP, enviar um fax para: (11) 3224-2163 ou um e-mail para: atendimento@publifolha.com.br

Capa: Todas as fotos especialmente encomendadas, exceto: **Arcblue** Peter Durant orelha cbd; **Corbis** Jeremy Horner orelha bd; **Robert Harding Picture Library** B/C ca; **Paulo Fridman/SambaPhoto** foto principal.

Estádio do Maracanã; Retrato do imperador dom Pedro 1º; Show de samba

Bondinho a caminho do Pão de Açúcar; Teto da Nossa Senhora da Lapa

TOP 10 RIO DE JANEIRO

TOP 10 RIO DE JANEIRO

TOP 10 Destaques

Muitos cariocas dizem que o Rio de Janeiro é tão lindo que, após seis dias criando o mundo, Deus descansou aqui no domingo. O Rio é conhecido mundialmente como "cidade maravilhosa" – e, apesar de seus graves problemas sociais, a cidade e sua população são cordiais, cativantes, musicais, sabem aproveitar a vida. O Rio tem diferentes áreas, cada qual com seus bairros característicos e uma vista singular do Corcovado, o morro coroado por uma estátua magnífica do Cristo Redentor, que vela permanentemente por todos, com seus braços abertos em um sinal de eterna acolhida.

1 Corcovado
A estátua do Cristo no alto deste morro foi eleita em 2007 uma das sete maravilhas do mundo moderno. O pôr do sol *(págs. 8-9)* visto daqui é maravilhoso.

2 Parque Nacional da Tijuca
Uma das maiores áreas urbanas com floresta tropical do mundo, este parque tem animais silvestres, cachoeiras e diversos biomas *(págs. 10-1)*.

3 Pão de Açúcar
Este cartão-postal mundialmente famoso proporciona vistas magníficas do Rio. Chega-se a ele de bondinho, passando antes pelo morro da Urca *(págs. 12-3)*.

4 Mosteiro de São Bento
Este mosteiro beneditino com uma igreja barroca foi fundado em 1590, mas a maior parte de seu belo interior repleto de ouro data do século 17 *(págs. 14-5)*.

5 Museu Nacional de Belas Artes
A primeira galeria de arte do país exibe obras brasileiras desde a época colonial até o final do século 20, além de trabalhos de mestres estrangeiros como Debret e Rodin *(págs. 16-7)*.

Nas páginas anteriores, **o Cristo Redentor com o Rio a seus pés**

6 Jardim Botânico

O jardim botânico do Rio, fundado em 1808 pelo príncipe regente dom João 6º, preserva cerca de 8 mil espécies de plantas. As orquídeas são dignas de nota *(págs. 18-9)*.

7 Museu Histórico Nacional

Este museu enfoca a história do Brasil desde os tempos pré-históricos, com réplicas de pinturas rupestres da serra da Capivara, até o início da República *(págs. 20-1)*.

8 Praça XV

Esta praça era o centro nervoso do Rio na época colonial e hoje contém a maior concentração de edifícios anteriores ao século 20 *(págs. 22-3)*.

9 Praia de Copacabana

Uma das praias urbanas mais famosas do mundo *(acima)*, Copacabana se estende por 4km do morro do Leme, na ponta norte, até o Arpoador, na sul. Este polo turístico sedia uma grande festa popular na virada do Ano-Novo *(págs. 24-5)*.

10 Programas em Ipanema e no Leblon

As praias mais badaladas do Rio, logo ao lado de Copacabana, também dão para mar aberto. Suas ruas chiques e repletas de bares e restaurantes atraem moradores e turistas *(págs. 26-7)*.

TOP 10 Corcovado

A icônica estátua do Cristo Redentor zela pelo Rio de Janeiro de cima do Corcovado, um morro com 706m de altitude cujo nome vem da palavra "corcova", que reflete seu formato. Vencedora de um concurso para eleger um grande monumento que representasse o espírito do Rio de Janeiro, a estátua foi inaugurada em 1931 e logo passou a simbolizar o Brasil. A melhor forma de subir o Corcovado e chegar ao Cristo é a bordo de um bondinho. Um passeio pelo bairro do Cosme Velho, situado bem embaixo do morro, ou pelo Parque Nacional da Tijuca (págs. 10-1)*, que o contorna e oferece outras belas vistas da cidade, é tão gratificante quanto o panorama visto do alto.*

Cafés perto da estátua

Não volte a pé do Corcovado após o anoitecer. Assaltantes são comuns na via do parque e a iluminação é fraca.

Como as bebidas são caras nos cafés, traga bastante água.

- *Mapa M1*
- *Rua Cosme Velho 513, Corcovado*
- *(21) 2558 1329*
- *Aberto 8h30-18h30 diariam*
- *Bondinho (Trem do Corcovado) R$18 (6-12 anos) e R$36; passeio organizado R$15; ou táxi; carros particulares não podem subir o Corcovado*
- *Agende visitas guiadas na Bel Tour: (21) 2597 2099*
- *www.corcovado.com.br*

Destaques

1. Cristo Redentor
2. Capela na Base da Estátua
3. Traços Art Déco
4. Floresta
5. Lanches
6. Pôr do Sol e Alvorada
7. Mirantes
8. Voos de Helicóptero
9. Trem do Corcovado
10. Museu do Trem do Corcovado

1 Cristo Redentor

Abarcando a cidade com seus braços abertos, a magnífica estátua de Jesus Cristo *(centro)*, de 30m de altura, foi desenhada pelo brasileiro Heitor da Silva Costa, que se inspirou no famoso estudo do corpo humano feito por Leonardo da Vinci. A estrutura foi içada em partes até o alto do morro, e sua montagem consumiu anos.

2 Capela na Base da Estátua

Há uma pequena capela na base traseira da estátua – um oásis de paz em meio à massa de turistas. Aqui é celebrada missa nas manhãs de domingo.

3 Traços Art Déco

A figura do Cristo foi composta com blocos de pedra-sabão *(esq.)* pelo escultor francês Paul Landowski, também responsável pela monumental estátua Art Déco de santa Genoveva em Paris.

4 Floresta
O Parque Nacional da Tijuca pode ser percorrido de carro. O caminho adentra a floresta e, do alto, proporciona vistas lindas e variadas, já que o parque contorna parte da cidade.

5 Lanches
Os bares e restaurantes situados ao redor da estátua têm bebidas geladas, refeições leves e sombra para fugir do sol forte.

6 Pôr do Sol e Alvorada
Para apreciar a vista clássica do Rio, vá no início da manhã, quando a luz é suave e o sol está se erguendo na baía, ou no final da tarde, para vê-lo se pôr atrás da floresta e apreciar o espetáculo de iluminação da cidade.

7 Mirantes
Há vistas da cidade, do Pão de Açúcar e da baía a partir das plataformas na frente do Cristo. As plataformas de trás também oferecem belas vistas do Parque da Tijuca, do morro Dois Irmãos e da pedra da Gávea.

8 Voos de Helicóptero
Voos de helicóptero *(acima)* propiciam vistas estupendas da estátua e do Corcovado *(pág. 53)*. O início da manhã tem a melhor luz para o passeio.

10 Museu do Trem do Corcovado
Este museu *(acima)* enfoca a história da ferrovia e da estátua do Cristo. O vagão e o motor originais do século 19 estão expostos.

9 Trem do Corcovado
O trem *(abaixo)* sai da estação no bairro do Cosme Velho e vai até o cume do morro. De 1884, é mais antigo do que a estátua do Cristo.

Nova Maravilha

Em 2007, o Cristo Redentor do Rio foi declarado um dos vencedores em uma enquete mundial para eleger as "Sete Novas Maravilhas do Mundo" – versão moderna da lista do historiador grego Heródoto, do 5º século a.C. Realizada pela New Open World Corporation sem fins lucrativos, a enquete foi a maior de todos os tempos e envolveu 100 milhões de votantes.

Quando a estátua foi inaugurada em 1931, suas luzes foram acesas em Roma e enviadas por sinal acionado por Marconi, o inventor do rádio.

TOP 10 Parque Nacional da Tijuca

Este fantástico parque nacional abrange a exuberante floresta da Tijuca, uma das maiores florestas urbanas do mundo, que recobre as colinas e montanhas costeiras que atravessam a cidade, indo do centro até a Zona Sul. O parque também abarca a impactante serra da Carioca, o belíssimo monólito da pedra da Gávea e a estátua do Cristo Redentor, que paira acima da cidade no alto do Corcovado (págs. 8-9). *Com numerosas espécies de plantas, aves e mamíferos, além de cachoeiras e nascentes naturais, esta floresta serena, que cobre 39km², é um pedacinho do paraíso.*

Restaurante Os Esquilos

Não venha ao parque à noite, pois pode haver assaltantes e ladrões de carros. É melhor vir de carro, táxi ou excursão.

Traga água e um lanche, pois há poucos restaurantes no parque.

- *Centro de Visitantes: Mapa D4; Praça Afonso Viseu, Tijuca: (21) 2492 2253; aberto 8h-19h diariam*
- *Os Esquilos: Estrada Barão D'Escragnolle, Alto da Boa Vista, Tijuca; (21) 2492 2197*
- *Para passeios com a Rio Hiking, visite www.riohiking.com.br*

Destaques

1. Os Esquilos
2. Trilhas
3. Cascatinha do Taunay
4. Pedra da Gávea
5. Asa-Delta
6. Animais Silvestres
7. Capela Mayrink
8. Estradas no Parque
9. Mirante Dona Marta
10. Mirante Andaime Pequeno

1 Os Esquilos

Lugar frequentado por cariocas e turistas no almoço de domingo, o restaurante Os Esquilos fica no meio do parque e tem cenário romântico sob a sombra das árvores.

2 Trilhas

Numerosas trilhas de extensão variada *(dir.)* cortam a floresta da Tijuca. Há caminhadas de dia inteiro até os pontos mais elevados do parque, na pedra da Gávea e no pico da Tijuca.

3 Cascatinha do Taunay

A mais acessível das diversas cascatas situadas na floresta da Tijuca, a Cascatinha *(esq.)*, como é conhecida, fica a poucos metros do portão principal do parque, no bairro do Alto da Boa Vista. Suas águas têm uma queda espetacular de 30m.

4 Pedra da Gávea

Tido como o maior monólito costeiro do mundo, este penedo de granito *(acima)* é voltado para quase toda a cidade e para o oceano Atlântico.

5 Asa-Delta

Popular para asa-delta *(dir.)*, a pedra Bonita fica ao lado da pedra da Gávea e é acessível por estrada e trilha curta. Voos podem ser agendados em operadoras *(pág. 50)* ou na praia de São Conrado, onde as asas aterrissam.

6 Animais Silvestres

Entre os animais nativos do Parque Nacional da Tijuca estão primatas como o minúsculo sagui e o macaco-prego, além de 200 espécies de aves, muitas delas sob risco de extinção.

7 Capela Mayrink

Esta pequena capela *(acima)* foi construída em 1863. Os painéis internos são réplicas de pinturas do artista modernista brasileiro Cândido Portinari. As obras originais são mantidas no Museu Nacional de Belas Artes *(págs. 16-7)*.

8 Estradas no Parque

Uma série de estradas *(abaixo)* passa pelo parque ligando Santa Teresa, Jardim Botânico, Tijuca, Alto da Boa Vista e Barra da Tijuca. O centro de visitantes oferece mapas grátis.

9 Mirante Dona Marta

Este mirante fica no alto do bairro de Botafogo, exatamente entre o Pão de Açúcar *(págs. 12-3)* e o Cristo *(págs. 8-9)*, com vistas memoráveis. A única forma de visitá-lo é de carro. Aqui há um heliponto para voos panorâmicos.

10 Mirante Andaime Pequeno

Pairando acima do bairro do Jardim Botânico, este é outro mirante fantástico. Oferece amplas vistas, que vão do dossel verde-esmeralda das árvores até o Corcovado e o Cristo Redentor.

Reflorestamento no Rio Imperial

O desmatamento da Tijuca para dar lugar a plantações de açúcar e café no início do período colonial causou tantas enchentes que o imperador dom Pedro 2º ordenou seu reflorestamento em 1861. O major Manuel Gomes Archer e seis escravos africanos passaram 13 anos replantando a floresta com árvores nativas e exóticas.

TOP 10 Pão de Açúcar

O Rio é famoso pelas vistas magníficas – e, para muitos, as mais estupendas são as que se têm do topo dos 400m do Pão de Açúcar, morro todo de granito e quartzo situado na entrada da baía de Guanabara. As encostas dessa formação rochosa, onde se veem resquícios da Mata Atlântica que antes cobria todo o Rio, ainda são habitadas por saguis, sanhaços e numerosas aves. Venha no início da manhã ou após a chuva, quando o ar fica mais limpo e a paisagem, mais nítida. Do Pão de Açúcar é possível ver de perto a cidade de Niterói, situada do outro lado da baía, assim como um ângulo diferente da praia de Copacabana e do Rio como um todo. A vista a partir do vizinho, e menor, morro da Urca é igualmente impressionante.

Heliponto no morro da Urca

Reserve pelo menos três horas para ver o Pão de Açúcar e o morro da Urca em um ritmo tranquilo.

Há cafés nos dois morros. Bebidas e lanches estão disponíveis na estação do bondinho na Urca.

- *Mapa J4*
- *Av Pasteur 520, Urca*
- *(21) 2546 8400*
- *Bondinhos saem da Urca a cada 20min*
- *Aberto 8h-19h50*
- *Entrada R$22 (6-12 anos) e R$44*

Destaques

1. Bondinho
2. Morro da Urca
3. Passeios de Helicóptero
4. Bares e Cafés
5. Caminhadas no Cume
6. Escalada
7. Vistas da Cidade
8. Pão de Açúcar
9. Animais Silvestres
10. Subida do Morro da Urca

1 Bondinho

O bondinho *(abaixo)* vai do bairro da Urca até o cume do Pão de Açúcar, passando pelo morro da Urca, o que torna os morros acessíveis para pessoas com qualquer nível de condicionamento físico. É possível também escalar o morro até o cume.

2 Morro da Urca

Do Corcovado, o Pão de Açúcar parece uma esfinge *(abaixo)*, cujo corpo é formado pelo morro da Urca, o qual é mais baixo e tem o cume plano.

3 Passeios de Helicóptero

Voos sobre o famoso triunvirato formado por Pão de Açúcar, Corcovado e Estádio do Maracanã partem do morro da Urca, do mirante Dona Marta e da lagoa Rodrigo de Freitas *(pág. 72)*.

Desde 1912 há bondinhos subindo os morros.

4 Bares e Cafés

Sob a sombra das árvores, os bares e cafés *(acima)* no Pão de Açúcar e no morro da Urca são bons para se refrescar do calor.

5 Caminhadas no Cume

Trilhas sinuosas rodeiam os cumes do Pão de Açúcar e do morro da Urca levando a trechos de mata sombreados e repletos de espécies de aves e borboletas tropicais, além de numerosos mirantes.

6 Escalada

Agências de turismo oferecem escaladas na rocha *(pág. 51)* para montanhistas experientes e novatos *(abaixo)*. As vistas estupendas do Rio compensam amplamente qualquer esforço.

7 Vistas da Cidade

Aprecie vistas deslumbrantes de 360 graus do Rio, da baía de Guanabara e dos morros cobertos de floresta tropical ao redor, a partir dos vários mirantes situados no morro da Urca e no Pão de Açúcar.

8 Pão de Açúcar

Do morro da Urca, uma segunda viagem de bondinho leva ao Pão de Açúcar, cujo cume fica 400m acima do nível do mar. A primeira escalada solo do Pão de Açúcar foi feita pela montanhista inglesa Henrietta Carstairs em 1817.

9 Animais Silvestres

Saguis *(abaixo)* e várias espécies de aves raras, incluindo sanhaços, são vistos no Pão de Açúcar e no morro da Urca. As árvores são embelezadas por bromélias e orquídeas.

10 Subida do Morro da Urca

A Pista Cláudio Coutinho começa na Urca, ao lado da praia Vermelha, e sobe até o cume do morro da Urca. Reserve no mínimo duas horas para a caminhada e leve bastante água *(pág. 69)*.

Pão de Açúcar

Adotado no século 19, o nome Pão de Açúcar talvez se deva ao formato do penhasco, que evocava as formas cônicas de barro usadas para exportar açúcar para a Europa. Os índios tupis-guaranis, porém, o chamavam de *"Pau-nh-açuquã"* (morro alto, pontudo ou isolado).

TOP 10 Mosteiro de São Bento

A ordem religiosa dos beneditinos, a primeira a se consolidar no Brasil, enviou monges da Bahia para fundarem este magnífico mosteiro e sua igreja em 1590, no alto de uma colina em pleno centro da cidade. A igreja é consagrada a Nossa Senhora de Monserrate, uma das madonas negras da Europa, e seu interior ricamente decorado remonta ao século 18 – os anos de formação do estilo barroco brasileiro. A conclusão do elaborado interior da igreja levou quase 70 anos e foi a obra da vida de vários artistas, especialmente do monge beneditino conhecido como frei Domingos da Conceição (1643-1718).

Adornos dourados

Não é permitido fotografar na igreja.

Não há local para comprar água no mosteiro – portanto, traga a sua.

- *Mapa W1*
- *Rua Dom Gerardo 68, Centro (entrada pelo elevador no nº 40)*
- *(21) 2516 2286*
- *Aberto 7h-17h30 diariam*
- *www.osb.org.br*

Destaques

1. Fachada
2. Adornos Dourados
3. Portas Barrocas
4. Estátua de São Bento
5. Estátua de Santa Escolástica
6. Efígie de Nossa Sra. de Monserrate
7. Capela do Santíssimo Sacramento
8. Pinturas de Frei Ricardo Pilar
9. Candelabros
10. Biblioteca

1 Fachada

A fachada sóbria do mosteiro *(centro)*, com pedras caiadas de branco e torres geométricas baixas, cria forte contraste com a opulência dourada de seu interior.

2 Adornos Dourados

O interior da igreja, em estilo barroco brasileiro, quase todo revestido de entalhes folheados a ouro, é considerado como o mais rico existente no Rio de Janeiro.

3 Portas Barrocas

Minuciosamente entalhadas, as portas barrocas *(esq.)* que dão acesso à nave são atribuídas ao frei Domingos da Conceição. Acredita-se que elas foram esculpidas entre 1699 e 1718, o ano do falecimento desse monge de grande talento artístico.

A igreja passou por várias restaurações nos séculos 18, 19 e 20.

4 Estátua de São Bento

Considerada unanimemente como uma das obras em estilo barroco mais refinadas do Rio de Janeiro, esta estátua bastante elaborada de são Bento, fundador da ordem beneditina, é parte integrante do notável retábulo que fica localizado nos fundos da igreja.

5 Estátua de Santa Escolástica

Outra obra digna de nota de autoria do frei Domingos da Conceição, esta estátua minuciosamente entalhada *(esq.)* representa a santa italiana Escolástica, que era irmã gêmea de são Bento. Seu nome significa "aquela que é devotada ao estudo teológico".

6 Efígie de Nossa Sra. de Monserrate

Esta efígie representando a padroeira da igreja também foi feita por frei Domingos da Conceição. Há diversas outras pinturas da padroeira adornando as paredes da igreja e do mosteiro *(dir.)*.

7 Capela do Santíssimo Sacramento

Esta capela é a parte mais sagrada da igreja, pois guarda a hóstia consagrada – o pão que os católicos creem ter sido o corpo de Cristo. Com mais traços rococó do que em qualquer outro edifício do Rio, exibe entalhes dourados em madeira e um sagrado coração.

8 Pinturas de Frei Ricardo Pilar

A pintura *Cristo dos Mártires,* do monge Ricardo Pilar, data de 1690 e é a melhor dentre todas as pinturas deste beneditino alemão presentes na igreja.

9 Candelabros

Originalmente, a igreja era iluminada por velas dispostas em belos candelabros de prata fundidos pelo artista Mestre Valentim. O mais impressionante deles fica próximo ao retábulo.

Biblioteca 10

A biblioteca do mosteiro *(dir.)* preserva uma das mais importantes coleções de livros religiosos antigos do Brasil. Fechado ao público, seu acervo só pode ser consultado mediante solicitação por escrito ao abade do mosteiro.

São Bento

São Bento de Núrsia, o fundador do monasticismo ocidental, era um nobre romano que fugiu da cidade para viver como eremita. Inspirada por esse exemplo, a comunidade de um mosteiro vizinho pediu a são Bento que fosse seu líder. Posteriormente, ele fundou um mosteiro, onde escreveu a Regra da Ordem Beneditina.

TOP 10 Museu Nacional de Belas Artes

Com a coleção de arte brasileira mais abrangente do país, o Museu Nacional de Belas Artes foi fundado em 1937 no antigo edifício da Academia Brasileira de Belas Artes. Adolfo Morales de Los Rios, o arquiteto responsável pelo projeto, se inspirou no Louvre, de Paris, e o edifício evoca a arquitetura de influência francesa que se vê por todo o Rio de Janeiro. A coleção do museu soma quase 20 mil peças, incluindo também arte decorativa e popular. A maioria das obras é brasileira e datada do período entre os séculos 17 e 20, mas o acervo também conta com algumas obras estrangeiras, sobretudo da Europa.

Manteau Rouge, de Tarsila do Amaral

Venha durante a semana no meio da tarde: você foge do calor e encontra o museu mais vazio.

O Teatro Municipal, cruzando a avenida Rio Branco na Cinelândia, tem um café excelente *(pág. 63)*.

- *Mapa X4*
- *Av Rio Branco 199, Centro*
- *(21) 2240 0068*
- *Aberto 10h-18h ter-sex, 12h-17h sáb, dom e feriados*
- *Entrada R$2 (meia) e R$5; grátis dom*
- *www.mnba.gov.br*

Destaques

1. Galeria de Escultura
2. Paisagens de Pernambuco
3. Café, de Portinari
4. Batalha do Avaí
5. Obras de Tarsila do Amaral
6. Portadora de Perfumes
7. Primeira Missa no Brasil
8. Gravuras Europeias
9. A Meditação Sem Braço, de Rodin
10. Arrufos, de Belmiro de Almeida

1 Galeria de Escultura

Formada por um corredor ladeado por estátuas e com arcadas que levam a um espaço central, esta galeria *(centro)* tem obras que incluem reproduções clássicas e peças originais de artistas como Rodin e Brecheret.

2 Paisagens de Pernambuco

Parte das primeiras paisagens brasileiras foi pintada no século 17 por artistas expatriados em Pernambuco, então sob domínio holandês. O mais famoso deles era Franz Post.

3 Café, de Portinari

Formado na Escola Nacional de Belas Artes do Rio, Cândido Portinari foi um dos pintores modernistas mais influentes do Brasil. Sua obra é dividida em duas fases bem distintas: *Café (abaixo)* é um exemplo de realismo social no qual ele buscou inspiração em muralistas mexicanos como Diego Rivera; porém a maioria de sua obra tem nítido cunho expressionista.

Veja mais sobre pinturas modernistas e contemporâneas no Museu de Arte Moderna na **pág. 35**

4 Batalha do Avaí

Esta obra épica de Pedro Américo, uma tela majestosa em estilo europeu *(acima)*, mostra o combate decisivo da guerra de 1868 entre o Paraguai e a Tríplice Aliança formada por Uruguai, Argentina e Brasil.

5 Obras de Tarsila do Amaral

Tarsila e seu marido, Oswald de Andrade, definiram a primeira abordagem brasileira de arte, o chamado antropofagismo, que envolvia adaptar temas ocidentais para contextos brasileiros.

6 Portadora de Perfumes

Victor Brecheret, o escultor mais respeitado do Brasil, foi um dos primeiros entusiastas do Art Déco na América Latina, e sua obra pode ser apreciada em muitas cidades do país. *Portadora de Perfumes* é uma escultura de bronze feita em 1923.

7 Primeira Missa no Brasil

Executada em 1861 por Victor Meirelles, esta pintura *(acima)*, que foi restaurada em 2006, mostra o momento em que os portugueses realizaram a primeira missa no Brasil.

8 Gravuras Europeias

Uma das coleções do museu preserva um importante arquivo de gravuras e desenhos a lápis assinados por alguns famosos pintores e ilustradores europeus, como Goya, Doré e Picasso.

9 A Meditação Sem Braço, de Rodin

A pungente *A Meditação Sem Braço* do escultor modernista francês foi adquirida para o museu por Roberto Marinho, o falecido empresário dono das Organizações Globo.

10 Arrufos, de Belmiro de Almeida

O pintor vanguardista Belmiro de Almeida foi para a Europa nos anos 1880. Ali absorveu estilos que rompiam com a tradição. *Arrufos (acima, em um detalhe)*, de 1887, é sua obra-prima.

A Missão Cultural Francesa

Ao chegar ao Rio em 1808, a família real portuguesa estava decidida a transformar sua nova sede em uma cidade em estilo europeu. Com essa meta, convidou em 1816 o francês Joaquim Le Breton para chefiar uma missão cultural que iria estabelecer a alta cultura europeia no Rio. Uma das primeiras realizações foi a fundação da Academia de Belas Artes.

TOP 10 Jardim Botânico

Situado ao lado da lagoa Rodrigo de Freitas e próximo ao morro do Corcovado, o Jardim Botânico do Rio é um oásis de serenidade em meio ao calor e à agitação urbana. Fundado pelo príncipe regente dom João 6º em 1808 como um depósito temporário para que especiarias das Índias Orientais se aclimatassem nos trópicos, os jardins eram reservados para a aristocracia e só foram abertos ao público após a proclamação da República, em 1889. As plantas são agrupadas em áreas distintas que se ligam por caminhos de cascalho entremeados por regatos e cascatas. Os jardins deram seu nome ao bairro no entorno, onde há excelentes restaurantes, bares e casas noturnas.

Detalhe de uma fonte

Para ver aves e saguis, venha no início da manhã durante a semana, quando há menos visitantes.

O Café Botânico serve café, sucos e refeições leves excelentes.

- *Mapa K2*
- *Rua Jardim Botânico 1008*
- *(21) 3874 1808*
- *Ônibus 170 do centro, 571 da Glória e da Lapa ou 573 de Copacabana e Ipanema*
- *Aberto 8h-17h diariam*
- *Entrada R$5 (menores de 7 grátis)*
- *www.jbrj.gov.br*

Destaques

1. Observação de Aves
2. Fontes
3. Alameda das Palmeiras
4. Museu Casa dos Pilões
5. Orquidário
6. Vitórias-Régias Amazônicas
7. Arboreto
8. Jardim dos Beija-Flores
9. Vistas do Corcovado
10. Café Botânico

1 Observação de Aves

Os jardins são excelentes para a observação de aves *(acima)*. Entre as vistas com mais frequência estão beija-flores, tordos, tucanos, periquitos, maritacas, gaturamos, tiês, saíras, sanhaços e tico-ticos.

2 Fontes

Nestes jardins luxuriantes o silêncio só é quebrado pelo som relaxante da água corrente nas elaboradas fontes do século 19 espalhadas pelo terreno, onde também se ouve o canto de pássaros. Trata-se de um antídoto das ruas barulhentas da cidade.

3 Alameda das Palmeiras

Este imponente caminho *(esq.)* fica no centro do parque, perto de uma magnífica fonte clássica. É ladeado por palmeiras imperiais de 13m de altura originárias de ilhas do oceano Índico e plantadas na época da criação dos jardins.

O Instituto de Pesquisas Jardim Botânico do Rio de Janeiro (IPJBRJ) é uma das principais entidades de pesquisa botânica do Brasil.

4 Museu Casa dos Pilões

Escondida perto do Orquidário, esta casa simples caiada de branco *(acima)* era uma das unidades de produção da Real Fábrica de Pólvora da Lagoa Rodrigo de Freitas, que foi inaugurada em 1808 e também ocupava um local no Jardim Botânico.

5 Orquidário

Dotada de uma estufa em estilo inglês, esta área tem várias orquídeas raríssimas, como a famosa catleia *(abaixo)*. Cerca de mil orquídeas tropicais são cultivadas e preservadas aqui.

6 Vitórias-Régias Amazônicas

Maior ninfeia do mundo *(centro)*, a *Victoria amazonica*, mais conhecida como vitória-régia, é cultivada em lagos nos jardins. Descoberta no século 19, seu nome homenageia a rainha Vitória, então monarca britânica.

7 Arboreto

Com cerca de 8 mil espécies de plantas, o Jardim Botânico é uma reserva de importância mundial. Muitas árvores nativas do Brasil estão no arboreto.

8 Jardim dos Beija-Flores

O mais novo jardim temático do parque é composto por centenas de plantas. Aqui, as flores de cores vivas atraem inúmeras espécies de borboleta, bem como mais de 20 espécies encantadoras de beija-flor.

9 Vistas do Corcovado

Através das árvores e ao fundo das alamedas, o Jardim Botânico exibe lindas vistas do Corcovado. A exuberância é tanta que mesmo com dia nublado é bonito visitá-lo. No fim da tarde o parque fica mais vazio e a luz ganha tonalidades mais ricas.

10 Café Botânico

Os cariocas vêm ao Jardim Botânico não só pela rica diversidade de plantas, mas também para relaxar tomando café ou saboreando um almoço leve neste convidativo café ao ar livre *(esq.)*, ao lado da seção de cactos.

Arca Botânica

O Brasil tem mais de 21 milhões de hectares de reservas ecológicas, que perfazem menos de 2% do território do país. Segundo botânicos, esse montante é nitidamente insuficiente para assegurar a preservação de muitos habitat naturais vulneráveis. Jardins botânicos têm papel crucial na conservação da flora, pois preservam numerosas espécies raras.

TOP 10 Museu Histórico Nacional

Criado em 1922, o maior e mais interessante museu do Rio enfoca a história do Brasil desde a época pré-histórica até o século 19. Entre as peças expostas estão pinturas, esculturas, fotografias, mapas e armas, bem como outros objetos de importância histórica. As galerias dedicadas às tribos indígenas brasileiras ilustram o modo de vida delas. Os períodos colonial, imperial e republicano também estão bem representados. Os visitantes podem ver a réplica de uma gruta com pinturas rupestres pré-históricas do sítio arqueológico da serra da Capivara, no Piauí, consideradas como o registro mais antigo da presença humana na América do Sul.

Pintura na Memória do Estado Imperial

O museu pode ser visitado na ida ou na volta da Praça XV *(págs. 22-3)***.**

Reserve pelo menos três horas para ver todo o acervo.

O museu tem um café excelente no térreo.

- *Mapa Y3*
- *Praça Marechal Âncora, Centro*
- *(21) 2550 9224*
- *Aberto 10h-17h30 ter-sex, 14h-18h sáb-dom*
- *Entrada R$6 (menores de 5 grátis)*
- *www.museuhistoriconacional.com.br*

Destaques

1. Carruagens Reais
2. Tronos Imperiais
3. Colonização e Dependência
4. Memória do Estado Imperial
5. Expansão, Ordem e Defesa
6. Pátio dos Canhões
7. Farmácia Teixeira Novaes
8. Estátua de Dom Pedro 2º
9. Galerias Temporárias
10. Combate Naval do Riachuelo

Fachada do museu

1 Carruagens Reais

Único país sul-americano que teve uma monarquia, o Brasil conserva muitos vestígios de seu passado real. O museu exibe as belas carruagens que pertenceram ao imperador dom Pedro 2º e à imperatriz Teresa Cristina *(abaixo)*.

2 Tronos Imperiais

Os tronos expostos no museu *(abaixo)* eram assentos de Estado, usados em grandes ocasiões por dom João 6º e pelos imperadores dom Pedro 1º e dom Pedro 2º.

3 Colonização e Dependência

Estas galerias relatam a história do Brasil colonial. Mostras abordam desde a época da chegada dos europeus, nos idos de 1500, até a vinda da família real portuguesa, passando pela conquista e a escravização dos índios e depois dos africanos.

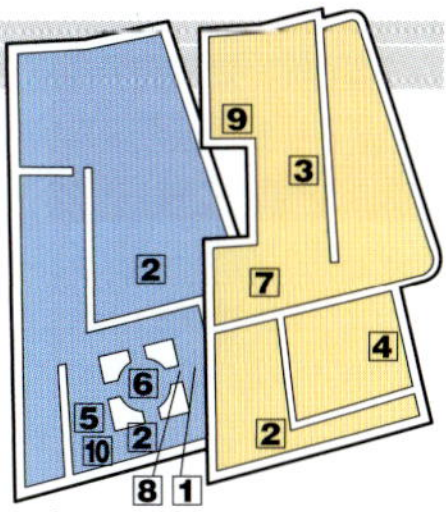

Legenda

Primeiro andar

Segundo andar

4 Memória do Estado Imperial

A coleção imperial abrange retratos *(esq.)*, tronos, móveis de época, fotos e outros objetos ligados à realeza.

5 Expansão, Ordem e Defesa

Estas galerias enfocam a época republicana do Brasil, desde a Guerra da Tríplice Aliança contra o Paraguai até a proclamação da República em 1889 pelo marechal Manuel Deodoro da Fonseca.

6 Pátio dos Canhões

Este átrio é repleto de canhões antigos, muitos dos quais remontam ao período colonial. A coleção também inclui canhões de várias potências coloniais, a exemplo da Grã-Bretanha, França, Holanda e Portugal.

7 Farmácia Teixeira Novaes

Remontagem em tamanho natural de uma farmácia homeopática do Rio no século 19 *(acima)*, esta exposição também inclui uma réplica do escritório e do laboratório nos fundos.

8 Estátua de Dom Pedro 2º

Esta fantasiosa estátua equestre de dom Pedro 2º foi feita por um escultor carioca e exposta pela primeira vez na Exposição de Paris de 1867.

9 Galerias Temporárias

Algumas das mostras mais interessantes do Rio são realizadas nestas galerias. Para informações detalhadas, consulte o site do museu.

10 Combate Naval do Riachuelo

No espírito dos românticos europeus, esta tela grandiosa de Victor Meirelles idealiza a campanha brasileira contra o Paraguai na Guerra da Tríplice Aliança.

O Edifício

O museu está instalado em um antigo arsenal e conserva um muro do Forte Santiago, o primeiro da cidade, datado da época colonial. O centro da cidade era tão grande quanto o de Buenos Aires, mas a colina, o forte e boa parte do Rio português foram demolidos após a independência, em sinal de ruptura com a história colonial.

Veja mais sobre momentos históricos do Rio de Janeiro nas **págs. 30-1**

Praça XV

A Praça XV foi a primeira área a se desenvolver no século 18 quando a corrida do ouro em Minas Gerais transformou a suja localidade portuária que era o Rio em uma cidade rica. A praça virou um centro mercantil de produtos importados e em 1808 testemunhou a chegada do príncipe regente português dom João, que fugia de Napoleão. Foi também o centro do poder político do Brasil sob o domínio português. Hoje, é um dos lugares turísticos mais importantes do Rio, com edifícios, igrejas e ruas históricas. A restauração do Paço Imperial, sua principal construção histórica, ocorrida na década de 1980, impulsionou um renascimento cultural na praça.

Travessa do Comércio

Evite a praça nos domingos, pois ela fica vazia.

Vá à Travessa do Comércio após as 18h para tomar cerveja.

• Mapa X2 • Igreja de Santa Cruz dos Militares: Rua 1º de Março 36 • Paço Imperial e Galerias de Exposição: Praça XV 48; abertos 12h-18h ter-dom • Palácio Tiradentes: Rua 1º de Março s/n; aberto 10h-17h seg-sáb, 12h-17h dom e feriados • Igreja de Nossa Senhora do Monte do Carmo: Rua 7 de Setembro 14; aberta 8h-16h seg-sex, 10h-14h sáb e dom • Igreja da Ordem Terceira do Carmo: Rua 1º de Março s/n; aberta 8h-16h seg-sex

Destaques

1. Igreja da Santa Cruz dos Militares
2. Paço Imperial
3. Galerias de Exposição
4. Estação das Barcas
5. Palácio Tiradentes
6. Travessa do Comércio
7. Ponto de Partida das Barcas
8. Igreja de Nossa Senhora do Monte do Carmo
9. Chafariz do Mestre Valentim
10. Igreja da Ordem Terceira do Carmo

1 Igreja da Santa Cruz dos Militares

Ao ser concluída, no século 17, esta era uma das igrejas mais grandiosas do Rio de Janeiro. Após ficar seriamente avariada por um incêndio em 1923, ela foi meticulosamente restaurada e ainda mantém alguns detalhes originais atribuídos ao célebre escultor Mestre Valentim, que fez todos os entalhes.

2 Paço Imperial

Este modesto edifício colonial *(abaixo)* foi erigido em 1743 como sede do governo. Com a chegada da família real portuguesa ao Brasil em 1808, o edifício ganhou o terceiro andar e se tornou o palácio imperial.

3 Galerias de Exposição

Hoje, o Paço Imperial funciona como um centro cultural que abriga parte das melhores exposições de pequeno porte do Rio, incluindo algumas sobre a história do país e outras sobre figuras importantes na vida cultural brasileira.

Pode-se aproveitar uma ida à Praça XV para visitar o Museu Histórico Nacional (págs. 20-1).

4 Estação das Barcas

Com seu relógio e sua falsa arquitetura barroca, a estação era o ponto de entrada de produtos estrangeiros comercializados no Brasil.

5 Palácio Tiradentes

Este palácio dos anos 1920 é atualmente a sede da Assembleia Legislativa do Estado do Rio de Janeiro. Há uma estátua de Tiradentes em frente ao palácio.

6 Travessa do Comércio

Esta charmosa rua para pedestres é repleta de bares e restaurantes. Carmen Miranda *(pág. 41)* morou em uma casa aqui durante sua infância.

7 Ponto de Partida das Barcas

A família real portuguesa desembarcou a oeste daqui quando chegou em 1808. Hoje, balsas saem da doca *(acima)* para Niterói, do outro lado da baía.

8 Igreja de Nossa Senhora do Monte do Carmo

Conhecida como a velha catedral, esta igreja modesta tem um belo interior com uma nave rococó, painéis no teto e entalhes nas paredes.

9 Chafariz do Mestre Valentim

Este chafariz público *(centro)* foi projetado em 1789 por Mestre Valentim, um dos artistas barrocos mais importantes da cidade. A ideia era que a construção fosse usada por marinheiros cujos barcos estavam ancorados nas proximidades.

10 Igreja da Ordem Terceira do Carmo

Próxima à velha catedral, esta bela igreja do século 18 tem interior opulento com entalhes dourados *(dir.)*, muitos deles assinados por Mestre Valentim.

A Rainha Louca

A Faculdade Cândido Mendes, no nº 101 da Praça XV, outrora um convento carmelita, foi usada para encarcerar a rainha portuguesa Maria, cujo comportamento oscilava entre o fervor religioso e a depressão. Seu filho João (depois rei João 6º) assumiu o poder em seu lugar como regente até a morte dela, em 1816.

TOP 10 Praia de Copacabana

Uma das praias mais famosas do Rio, Copacabana se estende do morro do Leme, no norte, até as rochas do Arpoador, no sul. Trata-se de um polo turístico o ano inteiro e tem fama mundial por sua fantástica festa popular de Réveillon. Até a construção de um túnel ligando a área com Botafogo, em 1892, Copacabana era uma enseada intocada com dunas pitorescas. A introdução dos bondes no início do século 20 valorizou muito a área e, quando o Copacabana Palace foi construído, o bairro tinha mais de 30 mil moradores. Hoje, é uma das áreas com maior densidade populacional do planeta.

Morro do Leme

Não ande nas areias da praia à noite e não deixe a máquina fotográfica à mostra.

Aos domingos a pista da avenida Atlântica no sentido bairro--centro (a mais próxima do mar) é fechada aos carros, sendo ocupada por pedestres, praticantes de corrida e ciclistas. Há barracas de aluguel de bicicleta ao longo da praia.

A praia tem muitas lanchonetes e quiosques onde se pode comprar água de coco gelada.

* *Mapas Q5-R3*

Destaques

1. Leme e Copacabana
2. Pescadores
3. Copacabana Palace
4. Futebol de Areia
5. Forte Duque de Caxias
6. Festa de Réveillon
7. Morro do Leme
8. Forte de Copacabana
9. Vendedores
10. Calçadas com Mosaicos

1 Leme e Copacabana

A praia de Copacabana estende-se por dois bairros – Leme e Copacabana. A área é repleta de hotéis, bares e restaurantes animados, além de lojas onde se encontra de tudo.

2 Pescadores

No final do século 19, o lado sul de Copacabana tinha apenas um forte e uma pequena comunidade de pescadores. Hoje, os descendentes mantêm os barcos pesqueiros *(esq.)* que ficam na areia, ao lado do Forte de Copacabana.

3 Copacabana Palace

Muitas celebridades já ficaram neste grandioso hotel em estilo neoclássico e Art Déco *(dir.)*. Há fotos de hóspedes famosos no segundo andar *(pág. 112)*.

4 Futebol de Areia

A praia de Copacabana é um tradicional reduto dos jogadores de futebol de areia *(acima)*. Viu surgir craques que mais tarde chegariam ao futebol profissional.

5 Forte Duque de Caxias

Elevado em relação à praia, o Forte do Leme, do século 18, leva o nome do general que lutou em 1868 na Guerra do Paraguai. As vistas a partir daqui são espetaculares.

6 Festa de Réveillon

Copacabana sedia a maior festa de Réveillon do Rio, que reúne cerca de 2 milhões de pessoas atraídas pelos shows e pelos fogos de artifício *(abaixo)* à meia-noite.

7 Morro do Leme

Copacabana é marcada por um monólito – o morro do Leme – que ainda é parcialmente coberto pela mata. Há trilhas para subir o morro, mas elas não são seguras.

8 Forte de Copacabana

Este forte na ponta sul *(acima)* propicia lindas vistas da praia. O museu daqui traça a história do exército brasileiro desde a época colonial.

9 Vendedores

Cerveja, lanches, biscoitos Globo, guarda-sóis, cangas, chinelos e até massagem são oferecidos na praia por ambulantes *(esq.)*, que andam nas areias desde o nascer até o pôr do sol.

10 Calçadas com Mosaicos

Copacabana se notabiliza também pelas calçadas com desenho de ondas em preto e branco *(dir.)* que formam um calçadão praiano com estilo bem português. Elas foram desenhadas pelo paisagista brasileiro Roberto Burle Marx.

A Raiz do Nome

O nome Copacabana vem de uma cidade boliviana às margens do lago Titicaca, onde há uma efígie de Nossa Senhora de Copacabana, protetora dos navegantes. O capitão de um galeão espanhol, que se salvou de um naufrágio orando para essa santa, construiu uma capela em sua homenagem perto das rochas do Arpoador.

Se quiser ir a Copacabana à noite, é mais seguro pegar um táxi.

TOP 10 Programas em Ipanema e no Leblon

As praias urbanas mais belas, badaladas e seguras do Rio – Ipanema e sua extensão mais ao sul, o Leblon – oferecem uma infinidade de atividades, desde tomar sol e banhos de mar até se manter em forma correndo, malhando, jogando vôlei. Boa parte dos turistas tem como base esses dois bairros, os mais ricos do Rio, onde lojas e restaurantes elegantes dividem espaço com botequins e grande variedade de comércio. Embora o centro da cidade fique a 15km, daqui se tem fácil acesso à vizinha Copacabana, assim como ao Jardim Botânico, ao Corcovado e à Gávea.

Quiosque na beira da praia

Evite andar na praia muito tarde da noite.

Delicie-se nas casas de suco espalhadas por Ipanema e pelo Leblon.

- *Ipanema: Mapas M6-N6*
- *Leblon: Mapa L6*

Destaques

1. Postos
2. Moda Praia
3. Pistas de Ciclismo e Corrida
4. Malhação
5. Cangas
6. Esculturas de Areia
7. Massagem
8. Vôlei e Futevôlei
9. Áreas Lúdicas para Crianças
10. Quiosques

1 Postos

Estes bunkers de concreto são mais do que postos de salva-vidas – no Rio, o status social depende de onde você estende a toalha na areia. Dois dos pontos mais badalados da praia ficam nas proximidades do Posto Nove, no meio de Ipanema, e do Posto Sete, no Arpoador.

2 Moda Praia

O figurino básico nas praias cariocas é composto por biquíni ou sunga, canga, havaianas e óculos escuros. Você pode comprar esses itens em uma infinidade de lojas que existem por toda a cidade, muitas delas nas ruas de Ipanema e do Leblon *(pág. 54)*.

3 Pistas de Ciclismo e Corrida

Para quem não se contenta em tomar banho de sol e deitar na areia, há pistas de ciclismo e corrida *(esq.)* de 3,5km acompanhando toda a orla das praias de Ipanema e do Leblon. Essas pistas ficam mais concorridas de manhã e no início da noite.

Muito procurada pelos surfistas, a praia do Arpoador fica entre Ipanema e Copacabana (págs. 36-7).

4 Malhação

Além de diversos esportes de origem praiana, há outros tipos de exercício na areia nestes bairros que valorizam muito a boa forma. Um bom lugar para isso é em torno das barras de flexão *(esq.)*, em diversos pontos da praia, onde ficam os mais malhados e musculosos.

5 Cangas

Cangas são vendidas na praia por ambulantes. Entre as estampas mais procuradas estão a das ondas que se veem nas calçadas de Copacabana e a da bandeira brasileira.

6 Esculturas de Areia

Artistas cariocas criam elaborados castelos e esculturas com a areia fina da praia *(acima)*. Eles costumam ficar ao lado da calçada e da pista de corrida.

7 Massagem

Massagens em macas *(abaixo)* e cadeiras portáteis são oferecidas há décadas nas praias do Rio de Janeiro. Em geral, os massagistas têm padrão excelente.

9 Áreas Lúdicas para Crianças

Para um programa em família, há áreas lúdicas para crianças *(abaixo)* no quiosque Baixo Bebê *(pág. 48)*, na praia do Leblon, e na Praça Nossa Senhora da Paz, em Ipanema.

8 Vôlei e Futevôlei

O Brasil está entre os melhores do mundo no vôlei de areia, e a seleção feminina nacional treina em Ipanema. O futevôlei é uma modalidade jogada só com os pés, o peito e a cabeça *(pág. 43)*.

10 Quiosques

Os quiosques de calçada nas praias de Ipanema e do Leblon servem lanches, drinques e água de coco gelada. Eles também oferecem uma providencial sombra para quem quer se proteger do sol forte.

A Garota de Ipanema

Vinicius de Moraes e Tom Jobim compuseram *Garota de Ipanema* em homenagem a uma linda adolescente chamada Helô Pinheiro que, a caminho do mar, passava pelo bar onde os dois se encontravam à tarde para beber.

No final do Leblon, o morro Dois Irmãos abriga duas das maiores favelas do Rio, o Vidigal e a Rocinha (págs. 74-5).

Detalhe da pintura que mostra dom Pedro 1º declarando a independência

TOP 10 Momentos Históricos

1 Os Primeiros Brasileiros

Acredita-se que os primeiros habitantes do Brasil são descendentes daqueles que viajaram cruzando pontes terrestres temporárias que ligavam a Ásia e a América no estreito de Bering. Teriam chegado à América do Sul entre 40 mil e 12 mil anos atrás.

2 Um Português no Rio

Em 1º de janeiro de 1502, o explorador português Gaspar de Lemos chegou à baía de Guanabara, onde construiu um pequeno forte para reivindicar a baía para Portugal. Porém, confrontos com os índios tamoios levaram os portugueses a estabelecer sua colônia em outra parte do Brasil.

3 A Chegada dos Franceses

Em 1555, a França enviou uma frota de navios ao Rio, com a finalidade de tomar posse de uma ilhota na baía de Guanabara. Como tratavam os tamoios de forma mais amigável do que os portugueses, os franceses conseguiram fazer uma aliança militar com essa tribo.

Retrato do imperador dom Pedro 2º

4 Os Portugueses Derrotam Franceses e Tamoios

Os portugueses voltaram ao Rio e, com vários grupos indígenas, travaram muitas batalhas contra a Aliança Franco-Tamoia, até derrotá-la em 20 de janeiro de 1567.

5 A Corte Real Portuguesa Muda-se para o Rio

Em novembro de 1807, a família real portuguesa fugiu de Napoleão. Sua frota reunia 40 navios lotados com 15 mil membros da corte e do governo de Portugal. Eles chegaram ao Brasil em 1808.

6 A Missão Cultural Francesa

Em 1816, o rei português dom João 6º convidou os franceses para introduzirem a cultura europeia no Rio por meio de seus estilos arquitetônicos, artísticos e musicais *(pág. 17)*.

7 Dom Pedro 1º Declara a Independência

O rei dom João 6º voltou para Portugal em 1821, deixando seu filho Pedro como príncipe regente do Brasil. No ano seguinte, Pedro declarou a independência de Portugal e se autocoroou imperador dom Pedro 1º. Ele e

Nas páginas anteriores, **Museu de Arte Contemporânea de Niterói**

O presidente Kubitschek na capa da *Time*

seu filho, Pedro 2º, governaram o país pelos 67 anos seguintes.

8 Proclamação da República

O movimento republicano de 1870 foi provocado pela insatisfação geral com os impostos altos e o movimento pela abolição da escravatura. Em 15 de novembro de 1889, o imperador dom Pedro 2º foi deposto e a república foi proclamada pelo marechal Deodoro da Fonseca.

9 A Capital do Brasil Passa a Ser Brasília

O Rio de Janeiro foi a capital do Brasil até 1960, quando foi substituído por Brasília. Essa mudança foi levada a cabo pelo presidente Juscelino Kubitschek e pelos arquitetos Lúcio Costa e Oscar Niemeyer *(pág. 68)*.

10 O Rio e a Cúpula Mundial sobre Meio Ambiente

Em 3 de junho de 1992, o Rio sediou a ECO-92, primeira grande conferência das Nações Unidas para discutir os rumos do desenvolvimento e do meio ambiente. Isso deu força para o Brasil rever seu próprio histórico ambiental.

Figuras Históricas

1 Cacique Cunhambebe
Feroz e gigantesco, o cacique dos tamoios quase derrotou os portugueses.

2 Gaspar de Lemos
O primeiro europeu a ver o Rio também estava presente quando Cabral "descobriu" o Brasil em 1500.

3 Nicolas de Villegagnon
Este francês fundou uma colônia francesa em uma ilha na baía de Guanabara e fez alianças com os tamoios.

4 Mem de Sá
Este general português fundou o Rio junto com seu sobrinho de 17 anos, Estácio, em 1565.

5 Dom João 6º
Após fugir de Portugal em 1808, fundou o Brasil imperial e se tornou rei dom João 6º.

6 Imperador Dom Pedro 1º
Filho de dom João 6º, declarou a independência e foi o primeiro imperador do Brasil autônomo.

7 Imperador Dom Pedro 2º
Filho de Pedro 1º, ajudou a abolir a escravidão e fomentou o início da industrialização.

8 Marechal Deodoro da Fonseca
O militar que derrubou Pedro 2º proclamou o Brasil uma república em 1889 e se tornou seu primeiro presidente.

9 Getúlio Vargas
Presidente de 1930 até 1945 e novamente de 1951 até 1954, quando se suicidou.

10 Juscelino Kubitschek
Prometendo 50 anos de progresso em cinco, promoveu o crescimento mas terminou sua presidência em meio a uma crise econômica.

Gaspar de Lemos confundiu a baía de Guanabara com a foz de um rio e, por isso, deu à cidade o nome de Rio de Janeiro.

Show pirotécnico no Réveillon; Oferendas para Iemanjá; Show do Cidade Negra

Top 10 Festivais e Eventos

1 Réveillon

Numa das maiores festas populares do Rio, milhões de pessoas vão à praia de Copacabana para assistir a shows de música e à queima de fogos *(pág. 25)*. *31 dez*

2 Carnaval

Em todos os bairros da cidade, vários blocos desfilam pelas ruas em diferentes horários. Os desfiles das escolas de samba são realizados no Sambódromo. *Mapa T4 • Sambódromo, Rua Marquês de Sapucaí, Centro • (21) 2502 6996 • Fev/mar • Entrada paga • www.carnaval.com.br*

3 Festa de Nossa Senhora da Penha

Muita gente sobe rastejando ou de joelhos os degraus desta igreja para a festa religiosa mais tradicional do Rio. *Mapa D3 • Largo da Penha 19, Penha • (21) 3219 6262 • Out • www.santuariopenhario.org.br*

4 FLIP – Festa Literária Internacional de Paraty

Este encontro de escritores é realizado na bela cidade colonial litorânea de Paraty, que fica três horas ao sul do Rio de Janeiro. Há sempre muita música ao vivo e outras atrações em paralelo. Romancistas de renome, como Toni Morrison, Salman Rushdie e Michael Ondaatje, já participaram do evento. *Jul/ago • www.flip.org.br*

5 Oferendas a Iemanjá

Esta comemoração na virada do Ano-Novo é dedicada ao orixá feminino Iemanjá, a deusa do mar. Milhares de devotos vestidos de branco se reúnem em praias pela cidade da meia-noite até o amanhecer para reverenciá-la e enviar oferendas, como flores e perfumes, pelas águas do oceano Atlântico. *31 dez*

Desfile de Carnaval

6 Festa de São Sebastião

O santo padroeiro do Rio é homenageado com uma série de procissões que saem da igreja de São Sebastião dos Capuchinhos, na Tijuca, e seguem até o centro da cidade. Há também festividades afro-brasileiras em Santa Teresa. *20 jan*

7 Festas Juninas

Estas festas de cunho religioso se estendem pelo mês de junho homenageando santo Antônio e são João. As pessoas se vestem como caipiras, consomem quentão e quitutes tradicionais e dançam o animado forró nordestino. *Jun*

8 Festival Internacional de Cinema do Rio

Um dos maiores e melhores festivais de cinema da América do Sul, este evento exibe filmes independentes do mundo inteiro, com foco especial na América Latina. Longas e curtas são projetados em cinemas por toda a cidade. *Set-out • www.festivaldorio.com.br*

9 Anima Mundi – Festival Internacional de Cinema de Animação

Um dos principais festivais de animação do mundo, apresenta obras realizadas por cineastas conhecidos, independentes e experimentais de vários países. Realizado anualmente no Rio, depois segue para São Paulo. *Jul • www.animamundi.com.br*

10 Dia do Índio

Esta comemoração rememora o primeiro Congresso Indígena Interamericano, que foi realizado na Cidade do México em 1940. Povos indígenas de todas as regiões do Brasil promovem debates e eventos festivos. *19 abr*

Nomes da Música Que Definem o Rio

1 Jorge Benjor
Um dos grandes nomes do samba-rock carioca às vezes se apresenta ao vivo na virada do Ano-Novo.

2 Roberto Carlos
As festas de fim de ano no Rio não são completas sem um show do cantor recordista de vendas na América Latina.

3 Orquestra Imperial
Composta por conhecidos músicos cariocas, este grupo de samba e gafieira transforma qualquer show em um Carnaval.

4 Chico Buarque
Consciência política de sua geração, o compositor hoje se dedica à literatura.

5 Cidade Negra
A melhor banda de reggae do Brasil costuma tocar para plateias imensas no Ano-Novo e no Carnaval.

6 Sandra de Sá
A rainha do samba-soul carioca, famosa pelos covers de clássicos da Motown, participa de muitos festivais.

7 Martinho da Vila
Compositor de muitos sambas defendidos pela escola de samba Unidos de Vila Isabel no desfile de Carnaval.

8 Zeca Pagodinho
O rei da simpatia canta e compõe grandes sucessos de pagode *(pág. 38)*.

9 Seu Jorge
Grande músico e ator brasileiro que despontou para a fama no Circo Voador *(pág. 83)*, na Lapa.

10 Marisa Monte
Com formação clássica, a cantora e compositora carioca se tornou uma grande estrela.

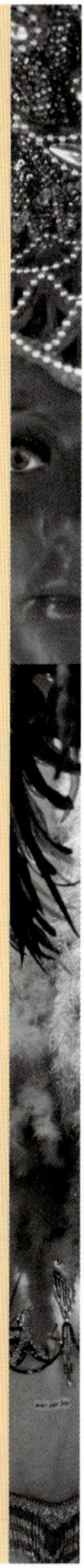

Museu de Arte Contemporânea de Niterói; Museu Internacional de Arte Naïf

TOP 10 Museus e Galerias de Arte

1 Museu Nacional de Belas Artes

Este museu abriga a maior coleção de arte brasileira do país, cujo arco temporal vai da época colonial até o século 20. Também há obras internacionais em exposição *(págs. 16-7)*.

2 Museu Histórico Nacional

Instalado em um edifício colonial que funcionava como um arsenal até a década de 1920, este museu fascinante faz um apanhado cronológico da história do Brasil *(págs. 20-1)*.

Trono imperial no Museu Histórico Nacional

3 Museu da República

Este palácio barroco, que agora é um museu, foi palco do suicídio do presidente Getúlio Vargas *(pág. 31)*, que se matou em seu quarto, em 1954. Entre as peças à mostra estão seu camisolão, com o buraco da bala no peito. *Mapa H3 • Palácio do Catete, Rua do Catete 153 • (21) 3235 2650 • Aberto 10h-17h ter-sex, 14h-18h sáb, dom e feriados • Entrada paga (grátis qua e dom)*

Escultura no Museu Nacional de Belas Artes

4 Museu de Arte Contemporânea de Niterói (MAC)

Com exposições de arte contemporânea brasileira, este museu está instalado em um edifício projetado por Oscar Niemeyer *(pág. 68)*. Feito de concreto e em formato esferoidal, fica na ponta de um promontório rochoso que se projeta na baía de Guanabara; o acesso a seu interior se dá por meio de uma longa e sinuosa rampa com piso vermelho. A vista do Rio é magnífica. *Mapa C5 • Mirante da Boa Viagem s/n, Boa Viagem, Niterói • (21) 2620 2400 • Aberto 10h-18h ter-dom • Entrada paga • www.macniteroi.com.br*

5 Museu Internacional de Arte Naïf (Mian)

Este museu encantador apresenta uma das maiores coleções do mundo de arte naïf. Certas obras brasileiras de artistas rurais e de favelas propiciam uma visão mais profunda sobre sua vida cotidiana. O museu também tem uma loja interessante. *Mapa G3 • Rua Cosme Velho 561, Cosme Velho • (21) 2205 8612 • Aberto 13h-15h seg-sex • Entrada paga • www.museunaif.com.br*

6 Museu de Arte Moderna (MAM)

Instalado em um edifício modernista sobre pilotis em forma de V, este museu expõe obras de artistas brasileiros como Tarsila do Amaral e Cândido Portinari *(págs. 16-7)*, bem como de nomes internacionais. ⊛ *Mapa X4 • Av Infante Dom Henrique 85, Parque Brigadeiro Eduardo Gomes (Aterro do Flamengo) • (21) 2240 4944 • Aberto 12h-18h ter-sex, 12h-19h sáb, dom e feriados • Entrada paga • www.mamrio.com.br*

7 Estádio do Maracanã

A calçada em frente ao maior estádio de futebol do mundo é coberta de pegadas deixadas por craques, incluindo Pelé. Dentro do estádio há uma galeria dedicada a grandes jogadores. ⊛ *Mapa E2 • Rua Prof Eurico Rabelo • (21) 2334 1705 • Aberto 9h-13h diariam*

8 Sambódromo e Museu do Carnaval

Este estádio, com projeto de Oscar Niemeyer *(pág. 68)* e construído na rua tida como o berço do samba, abriga os desfiles oficiais do Carnaval. Relíquias carnavalescas estão expostas no museu. ⊛ *Mapa T4 • Rua Marquês de Sapucaí, Praça XI, Centro • Aberto 11h-17h ter-dom*

Fachada do Museu de Arte Moderna

9 Museu Nacional

Em meio a amplos jardins, este antigo palácio tem acervo bastante diversificado, incluindo o maior meteorito que caiu no Brasil, ossos de dinossauro e múmias. ⊛ *Mapa E1 • Quinta da Boa Vista s/n, São Cristóvão • (21) 2562 6900 • Aberto 10h-16h ter-dom • Entrada paga • www.museunacional.ufrj.br*

10 Ilha Fiscal

No século 19 este delírio neogótico era um palacete real que abrigava bailes de máscaras. Em 1889, um baile na Ilha Fiscal marcou o fim do império de dom Pedro 2º. ⊛ *Mapa J1 • Av Alfredo Agache, Centro • (21) 2233 9165 • Visitas: 13h, 14h30 e 16h qui-dom • Entrada paga*

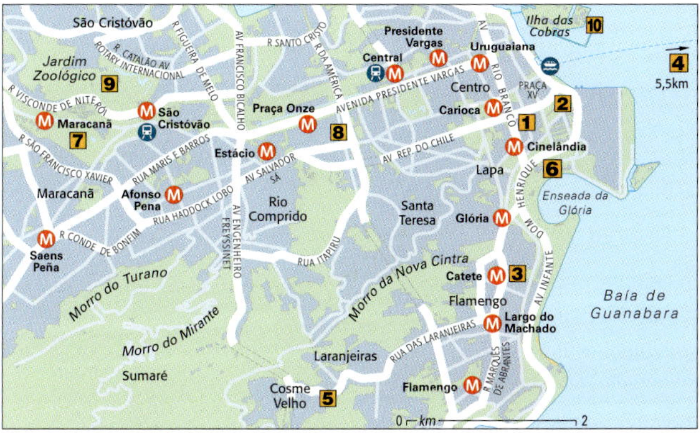

Visitas guiadas à Ilha Fiscal são coordenadas pelo Espaço Cultural da Marinha. Veja mais na **pág. 48**

Pôr do sol na praia de Charitas; O Pão de Açúcar visto da praia do Flamengo

TOP 10 Praias

1 Ipanema e Leblon

Dividindo a praia mais bela e charmosa da cidade, estes dois bairros vizinhos são o ponto de encontro predileto da juventude bronzeada e da classe média alta do Rio de Janeiro *(págs. 26-7)*.

2 Copacabana

Dos anos 1930 até os anos 1970, esta praia bela e ampla era o lugar da moda na cidade. A partir da década de 1980, perdeu parte do charme, mas sua orla, repleta de restaurantes e quiosques, ainda é muito frequentada por moradores e turistas, sobretudo à noite.

3 Charitas

Cariocas adoram provocar dizendo que a melhor coisa de Niterói – a cidade do outro lado da baía de Guanabara – são suas vistas do Rio. Nada de fato se compara ao panorama visto da praia de Charitas à tarde, quando as silhuetas do Corcovado e do Pão de Açúcar têm o pôr do sol como pano de fundo. *Mapa C5*

4 Prainha e Grumari

Duas praias vizinhas, no extremo sul do Rio, selvagens, limpas, com a natureza preservada. A primeira, pequena, atrai surfistas. A segunda é mais aberta e em seu canto esquerdo abriga a escondida praia de Abricó, único recanto naturista da cidade. *Mapa A6*

5 São Conrado

Ponto de pouso de asas-delta – e de partida para quem quer subir o morro e voar –, esta praia não é tão movimentada. Seu canto esquerdo é frequentado por moradores da Rocinha, maior favela da cidade. *Mapa B6*

6 Barra da Tijuca

Com 18km, a maior praia do Rio tem trechos lotados e outros isolados. É altamente apreciada por praticantes de surfe, windsurfe e pesca. Este bairro um tanto distante e muito valorizado pela classe emergente se caracteriza por avenidas longas, prédios de apartamentos e shoppings. *Mapa B6*

Surfista na praia de Grumari

Na ida ou na volta da praia, dê uma parada em uma casa de sucos.

Surfista na praia do Arpoador

7 Arpoador

O Arpoador é um cabo rochoso situado entre Copacabana e Ipanema, mas seu acesso se dá pela ponta norte de Ipanema. É a praia da moda hoje em dia no Rio. Um programa imperdível é assistir ao pôr do sol de suas pedras, com a magnífica silhueta do morro Dois Irmãos ao fundo. *Mapa P6*

8 Recreio dos Bandeirantes

O Recreio dos Bandeirantes é a ponta sul da praia da Barra da Tijuca. Longa e reta, a praia daqui apresenta ondas fortes, o que a torna ideal para o surfe. *Mapa A6*

9 Botafogo

O Pão de Açúcar *(págs. 12-3)* fica na ponta sul desta enseada redonda entre Copacabana e o centro, na entrada da baía. Era um lugar lotado de banhistas até os anos 1960, quando a poluição inviabilizou o banho em suas águas. *Mapa S1*

10 Flamengo

Este trecho de areia de tom branco perolado é o mais belo dentre os de todas as praias na baía de Guanabara, descortinando vistas maravilhosas da baía e do Pão de Açúcar. No entanto, a água é muito suja para banhos e a praia não é segura à noite. *Mapa Y6*

Sucos Brasileiros

1 Açaí

O sumo desta fruta roxa de uma palmeira é rico em vitaminas e consumido há milênios na Amazônia.

2 Cupuaçu

Esta fruta que lembra o cacau rende um suco azedo e adocicado. O sabor é estranho, mas delicioso.

3 Camu-Camu

Esta fruta amazônica cresce junto a rios que sofrem cheias sazonais e tem alto teor de vitamina C.

4 Taperebá

O suco refrescante desta fruta da Amazônia é rico em vitamina C. Supõe-se que tem propriedades antibióticas.

5 Acerola

Também conhecida como cereja-das-antilhas, tem suco refrescante, excelente para matar a sede.

6 Graviola

Da mesma família da fruta-do-conde e do caju, produz um suco leitoso e adocicado.

7 Caju

Esta fruta 100% brasileira rende suco e castanhas, muito apreciadas no mundo todo.

8 Jabuticaba

O suco desta fruta em forma de baga, que cresce nos galhos da jabuticabeira, é apreciado em todo o país.

9 Umbu

Um suco adocicado é feito com as bagas desta fruta aparentada da manga e muito apreciada no Estado da Bahia.

10 Seriguela

O suco refrescante desta fruta do Nordeste, também chamada de cajá-vermelho e ciroela, tem propriedades diuréticas e energizantes.

Multidão em baile funk; Músicos tocando bossa nova

TOP 10 Estilos Musicais

1 Samba

Nascido no Estado da Bahia, o samba se desenvolveu nos subúrbios pobres do Rio no início do século 20. Vibrante e arrebatador, influencia quase todos os estilos musicais brasileiros e embala a folia do Carnaval.

2 Bossa Nova

Na década de 1950, um grupo eclético de escritores, artistas e músicos de Ipanema e Copacabana desacelerou o samba e nele introduziu harmonias complexas e uma cadência graciosa no violão, criando assim a bossa nova, celebrizada por artistas como João Gilberto e Tom Jobim.

3 Choro

Um dos primeiros estilos musicais que se desenvolveram na cidade, tem clara influência do jazz e demanda perícia dos instrumentistas. O maior nome e compositor de choro foi Pixinguinha.

4 Pagode

O pagode surgiu nos subúrbios do Rio. Irresistível variante do samba, pode ter letras machistas engraçadas, eventualmente apresentando críticas de cunho social.

5 Gafieira

Nascida em meados do século 20 nos salões de dança do Rio, quando os casais se vestiam com apuro para dançar ao som de conjuntos de samba, a gafieira geralmente é animada por uma orquestra e envolve uma coreografia elegante. Nos últimos anos voltou à moda, especialmente no bairro carioca da Lapa.

6 Suingue e Samba-Funk

Nos anos 1970, o samba e o jazz-funk se fundiram no suingue, uma música dançante muito popular no Rio. Mais acelerado nos anos 1980, virou o samba-funk. Vale a pena ver ao vivo.

Artistas em um show de samba

O samba, o choro e a bossa nova se consolidaram no Rio.

Dançarinos de gafieira

7 **Samba-Soul**
Esta mescla de ritmos brasileiros com o canto soul americano foi criação e virou a marca de Tim Maia – um carioca tijucano que morou nos EUA, onde ficou fascinado pelos discos produzidos pela Motown Records.

8 **Rap Brasileiro**
Nos anos 1980, o hip-hop caiu nas graças dos moradores das favelas. Esse tipo de som então se fundiu com o repente – uma forma rítmica de poesia de improviso que remonta à época colonial – e com a percussão brasileira. O resultado é o sincopado rap produzido no Rio de Janeiro.

9 **Funk Carioca**
DJs tocam este som eletrônico guiado pelo baixo distorcido, com vocais de rap e coro de pagode, que atrai multidões em bailes de forte carga erótica.

10 **Vanguarda**
O Brasil é berço de alguns dos melhores músicos de jazz e de linhas experimentais e de vanguarda do mundo. Seus estilos ecléticos e refinados denotam forte influência da música africana e indígena brasileira.

Instrumentos Musicais do Brasil

1 **Cavaquinho**
Pequena viola portuguesa de quatro cordas, faz o acompanhamento do samba.

2 **Surdo**
O enorme tambor de fuste alto e sonoridade abafada que cria a batida pulsante do samba.

3 **Repenique**
Instrumento de percussão tocado em uníssono para criar um efeito rascante no samba.

4 **Tamborim**
Tambor compacto de timbre alto usado no samba e no choro. Diferentemente do pandeiro, não tem chocalhos.

5 **Pandeiro**
Pequeno tambor com chocalhos laterais, ou platinelas, é usado em diversos gêneros de música brasileira.

6 **Timbal**
Tambor cônico de diversos tamanhos que integra a "cozinha" percussiva de um grupo de samba.

7 **Cuíca**
Tambor de fricção tocado com as mãos, um pano úmido e uma vareta de madeira, produz um som roncante.

8 **Caxixi**
Saquinho de palha com alça e cheio de sementes usado em apresentações de capoeira.

9 **Berimbau**
Cabaça com um arco de madeira retesado por uma corda de arame, marca o ritmo na capoeira.

10 **Atabaque**
Tambor cônico longo de uma só pele usado em rituais de candomblé. Pode servir também de acompanhamento rítmico na capoeira.

Banda de Ipanema; Badalo de Santa Teresa

TOP 10 Desfiles e Bailes de Carnaval

1 Domingo e Segunda-Feira no Sambódromo

No domingo e na segunda de Carnaval, as melhores escolas de samba desfilam no Sambódromo *(pág. 35)* disputando o título de campeã. O desfile dura até o amanhecer. *Mapa T4 • Centro • Entrada paga*

2 Banda de Ipanema

Esta banda faz um dos maiores e mais pitorescos cortejos de rua do Carnaval. Travestis e transexuais com fantasias extravagantes sambam com turistas, foliões, famílias e transeuntes *(pág. 106)*.

3 Baile do Copa

Outra antiga tradição carnavalesca é o baile a rigor em estilo "imperial russo" realizado no hotel Copacabana Palace *(pág. 112)*, no primeiro sábado do período momesco. É preciso reservar ingresso no hotel com bastante antecedência. *Mapa R3 • Copacabana • Entrada paga*

4 Badalo de Santa Teresa

Os destaques desta animada festa de rua são a atmosfera e a música. O bloco desfila entre o largo dos Guimarães e o largo das Neves, em Santa Teresa, e atrai uma frequência mais jovem. *Mapa U5 • Santa Teresa • (21) 2620 2481 • Entrada paga*

5 Desfile das Campeãs

As escolas vencedoras dos desfiles no Sambódromo se apresentam novamente no sábado posterior ao Carnaval. É mais fácil conseguir ingressos para este evento do que para os anteriores. *Mapa T4 • Centro • (21) 3213 5151 • Entrada paga*

6 Cacique de Ramos

Este bloco sai em cortejo pela avenida Rio Branco desde 1961. A cada ano um novo samba é composto e cantado por um sambista famoso do Rio. *Mapa W1-W3 • Centro • (21) 3880 9248 • Entrada paga*

Desfile no Sambódromo

7 Bloco de Segunda

Os membros deste bloco, que se apresenta na segunda-feira de Carnaval, usam fantasias elaboradas, a exemplo das baianas com saias que rodopiam enquanto elas sambam. *Mapa Q1 • Botafogo*

O Sambódromo foi projetado por Oscar Niemeyer (pág. 68) *e inaugurado em 1984.*

Exuberante folião na Banda de Ipanema

8 Banda de Carmen Miranda

Este bloco foi criado em 1989 em homenagem a Carmen Miranda, que fez carreira no cinema em Hollywood e era famosa por seus turbantes com frutas. É integrado por drag queens com fantasias altamente luxuosas, que prestam reverência à sua adorada. *Mapa M6 • Ipanema*

9 Baile Vermelho e Preto do Flamengo

Vermelho e preto são as cores do Flamengo *(pág. 42)* – o time de futebol de maior torcida no Rio de Janeiro – e de uso obrigatório nos trajes de quem vem ao baile anual que o clube realiza para os torcedores. Muitos foliões usam fantasias sumárias, sempre há presença de craques e os sambas rememoram antigas glórias futebolísticas. *Mapa Q1 • Botafogo • (21) 2568 8262 • Entrada paga*

10 Gala Gay

É um dos bailes tradicionais do carnaval carioca, uma festa divertida, frequentada por gays de todas as idades, travestis e artistas e televisionada ao vivo para todo o Brasil *(pág. 106)*.

Escolas de Samba do Rio

1 Portela
A maior campeã do Carnaval carioca tem 21 títulos e adota um estandarte azul e branco. *www.portelaweb.com.br*

2 Mangueira
A popular Estação Primeira de Mangueira foi campeã 17 vezes. Suas cores são o rosa e o verde. *www.mangueira.com.br*

3 Império Serrano
Desfilando com um estandarte verde, a Império obteve nove vitórias. *www.imperioserrano.com*

4 Unidos da Tijuca
Com duas premiações, esta escola usa as cores amarela e azul. *www.unidosdatijuca.com.br*

5 Unidos do Viradouro
Com as cores laranja e branco, esta escola tem um título no Carnaval. *www.unidosviradouro.com.br*

6 Salgueiro
Escola com nove vitórias, adota o vermelho e o branco. *www.salgueiro.com.br*

7 Estácio de Sá
Vitoriosa em 1992, suas cores são o vermelho e o branco.

8 Imperatriz Leopoldinense
Escola detentora de oito vitórias, adota as cores verde e branco. *imperatriz.free.fr*

9 Beija-Flor
Com estandarte azul e branco, a escola de Nilópolis tem 12 vitórias. *www.beija-flor.com.br*

10 Vila Isabel
Com duas vitórias até o presente, desfila com estandarte pêssego e branco.

Vista aérea do Estádio do Maracanã; Jogo do Campeonato Estadual do Rio de Janeiro

Futebol

1 Estádio do Maracanã

O maior estádio de futebol do mundo chegou a comportar 200 mil pessoas. Aqui Pelé marcou seu milésimo gol, em 1969, e a atmosfera durante os jogos é eletrizante *(pág. 35)*.

2 Flamengo

Este é o time de maior torcida no Brasil. Seu momento de maior glória foi vencer o Mundial Interclubes em 1981. Teve jogadores famosos como Domingos da Guia, Zizinho e Zico.

3 Botafogo

Os ex-jogadores deste time compõem uma longa lista de craques do futebol brasileiro, encabeçada por Mané Garrincha. Sua era dourada foi nas décadas de 1950 e 1960, quando fornecia boa parte dos jogadores para a seleção brasileira.

4 Fluminense

O futebol foi introduzido no Rio de Janeiro pelo inglês Oscar Cox, que depois fundou o Fluminense, em 21 de julho de 1902. O clube é um dos mais tradicionais do Rio, e muitos de seus torcedores são da elite carioca.

Emblema do Fluminense

5 Vasco

Com nome tirado do explorador português Vasco da Gama, este é o clube do coração de cariocas de origem portuguesa. Seu arquirrival é o Flamengo.

6 Estádio João Havelange (Engenhão)

Construído para os Jogos Pan-Americanos de 2007, o estádio atualmente serve de palco para os quatro grandes do Rio, enquanto o Maracanã é reformado com vistas à Copa do Mundo de 2014.

A torcida no Maracanã

É possível organizar a ida a um jogo através de empresas de turismo. Para mais informações, consulte www.bealocal.com.

Futebol de areia

7 Campeonato Estadual do Rio de Janeiro

O Campeonato Carioca começou em 1906. Flamengo, com 31 títulos, e Fluminense, com 30, têm, somados, mais vitórias do que todos os outros clubes juntos.

8 A "Tragédia do Maracanazo"

A tragédia vivida pelo futebol brasileiro na final da Copa do Mundo de 1950, quando a seleção nacional perdeu para o Uruguai, deu origem a uma expressão que ainda hoje é usada para definir outras derrotas futebolísticas e também políticas.

9 Futebol de Areia

Muitos craques do Rio aprenderam a jogar de forma improvisada nas praias da cidade. Os jogadores continuam gostando tanto do futebol de areia que hoje esse esporte é reconhecido até pela poderosa Fifa. *www.fifa.com*

10 Futevôlei

O esporte surgiu nas praias do Rio. Suas regras são semelhantes às do vôlei, mas só se pode usar peito, pés e cabeça. O Brasil continua tendo as melhores duplas, mas a hegemonia hoje é ameaçada por países asiáticos.

Grandes Craques Cariocas

1 Leônidas da Silva (1913-2004)

Graças ao negro Leônidas da Silva, o futebol brasileiro deixou de ser um jogo de brancos de classe média.

2 Nilton Santos (1925-)

Lateral esquerdo em três Copas e autor de um gol espetacular em um jogo contra a Áustria, no Mundial de 1958.

3 Carlos Alberto (1944-)

Capitão da seleção tricampeã em 1970 e grande lateral direito.

4 Garrincha (1933-83)

Apontado oficialmente pela Fifa como o melhor jogador do Brasil depois de Pelé, com quem ganhou as Copas de 1958 e 1962.

5 Didi (1928-2001)

Lendário meio-campista, ajudou a dar a vitória ao Brasil na Copa de 1958 na Suécia.

6 Gérson (1941-)

Inteligente e habilidoso, o célebre "Canhotinha de Ouro" foi um dos responsáveis pela vitória na Copa de 1970.

7 Zico (1953-)

Um dos maiores meio-campistas da história do futebol.

8 Jairzinho (1944-)

Atacante veloz que devastou os adversários na Copa do Mundo de 1970.

9 Romário (1966-)

O único jogador além de Pelé que marcou mil gols no futebol profissional. Foi campeão mundial em 1994.

10 Ronaldo (1976-)

"O Fenômeno" ganhou três vezes da Fifa o prêmio de Melhor Jogador do Ano. Foi campeão mundial em 1994 e 2002.

O longo balcão do Zuka; Espírito Santa

TOP 10 Restaurantes

1 Zuka

Decorado com muita madeira e uma grelha exposta na entrada, este restaurante foi montado por um ex-chef do aclamado Nobu de Nova York. Hoje é comandado por uma das chefs mais elogiadas do Rio, Ludmilla Soeiro. O menu fusion do Zuka abrange grelhados, frutos do mar e excelentes saladas. *Mapa K5 • Rua Dias Ferreira 233, Leblon • (21) 3205 7154 • www.zuka.com.br • $$$*

2 Roberta Sudbrack

Este restaurante rendeu a Roberta Sudbrack a fama de melhor chef da América do Sul. O menu apresenta pratos absolutamente originais que mesclam haute cuisine e gastronomia molecular. *Mapa M2 • Rua Lineu de Paula Machado 916, Jardim Botânico • (21) 3874 0139 • www.robertasudbrack.com.br • $$$*

Prato do Manekineko

3 Olympe

Claude Troisgros – um dos inventores da nouvelle cuisine na França – fundou este restaurante intimista em uma rua tranquila perto da lagoa Rodrigo de Freitas. Aqui, a comida francesa clássica envolve o uso de ingredientes tropicais. *Mapa N2 • Rua Custódio Serrão 62, Lagoa • (21) 2539 4542 • www.claudetroisgros.com.br • $$$*

4 Carlota

Agregando inovação e estilo à cena gastronômica do Rio, até então um tanto blasé, o Carlota combina técnicas europeias com ingredientes brasileiros. Muitos clientes consideram o suflê de goiabada com calda de catupiry a melhor sobremesa da cidade. *Mapa K5 • Rua Dias Ferreira 64, Leblon • (21) 2540 6821 • www.carlota.com.br • $$$*

Mesas postas no Fasano

5 Satyricon

Este atraente restaurante é dominado por um vasto balcão que exibe uma infinidade de tipos de peixes tropicais, crustáceos e mariscos no gelo. Os frutos do mar estão entre os melhores da cidade, e um dos clientes famosos da casa é o ex-jogador Ronaldo *(pág. 99)*.

Veja mais sobre restaurantes nas **págs. 63, 71, 77, 85, 91 e 99**

6 Gero

Empreendimento do conceituado restaurateur Rogério Fasano, este restaurante minimalista chique serve comida italiana inovadora e tem um longo bar que domina o salão. Sua clientela sofisticada vem aqui não só pela experiência gastronômica, mas também para ver e ser vista. *Mapa M5 • Rua Aníbal de Mendonça 157, Ipanema • (21) 2239 8158 • $$$*

7 Fasano

Outro empreendimento de Rogério Fasano, este é um dos restaurantes mais finos do Rio e fica instalado em um de seus hotéis mais exclusivos. A especialidade daqui são os frutos do mar fresquíssimos. Outro atrativo são as vistas excepcionalmente belas do oceano Atlântico *(pág. 112)*.

8 Manekineko

O Brasil é o país com maior número de japoneses no mundo fora o Japão, e o Rio de Janeiro tem ótimos restaurantes dessa etnia. Integrante de uma rede, este restaurante contrasta com o mais tradicional Sushi Leblon *(pág. 91)*, a poucos passos de distância. A cozinha fusion nipo-brasileira daqui é servida para uma clientela muito animada. O menu se renova no espaço de poucos meses. *Mapa K5 • Rua Dias Ferreira 410, Leblon • (21) 2540 7461 • $$$*

9 Espírito Santa

O bairro de Santa Teresa é cheio de restaurantes e bares pequenos e charmosos. Este é um dos melhores. Pratos da Amazônia e da Bahia – incluindo peixes de rio como o pacu – são servidos em ambiente informal no térreo, assim como no terraço superior, à luz de velas, com direito a vistas maravilhosas da cidade à noite. O barman prepara caipirinhas que ganharam fama no Rio, e o clube no piso de baixo abre para dança às sextas *(pág. 84)*.

Peixes frescos no Satyricon

10 Esplanada Grill

O Brasil é mundialmente famoso por suas churrascarias, e a melhor no Rio é esta. Trata-se de um lugar frequentado por homens e mulheres de negócios que apreciam os ingredientes de alta qualidade, as porções generosas e a respeitável carta de vinhos. *Mapa M5 • Rua Barão da Torre 600, Ipanema • (21) 2512 2970 • $$$*

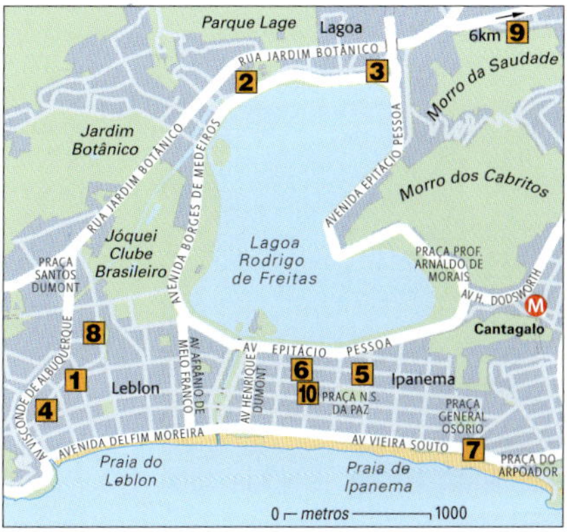

Veja categorias de preço dos restaurantes do Rio na **pág. 63**

Algumas opções na Academia da Cachaça

TOP 10 Bares e Casas Noturnas

1 Academia da Cachaça

Este bar descontraído, que se estende para a calçada, tem uma das melhores seleções de cachaças do Brasil. A cachaça pode ser tomada pura ou como ingrediente de potentes caipirinhas. O bar fica mais animado nas noites de sexta-feira. *Mapa L5 • Rua Conde de Bernadotte 26G, Leblon • (21) 2239 1542*

2 Baronneti

Um dos lugares noturnos mais badalados da Zona Sul do Rio de Janeiro, este restaurante, bar e clube tem decoração elegante com predomínio da cor branca e iluminação sutil. A partir da meia-noite, a clientela jovem desce para dançar no clube no piso de baixo. *Mapa N5 • Rua Barão da Torre 354, Ipanema • (21) 2247 9100*

3 Mistura Fina

Músicos originais de bossa nova *(pág. 38)* dos anos 1960 e artistas internacionais menos famosos e ligados ao jazz tocam neste sofisticado restaurante e bar de jazz entre as praias de Copacabana e Ipanema. Há um piano-bar para drinques e refeições leves antes dos shows. *Mapa Q6 • Av Rainha Elizabeth 770, Ipanema • (21) 2523 1703 • www.misturafina.com.br*

Mistura Fina

Rio Scenarium

4 Rio Scenarium

A casa de samba mais chique da Lapa apresenta artistas ao vivo que tocam clássicos como *Aquarela do Brasil* no andar de baixo, enquanto no clube do andar de cima a música brasileira é mais atual e dançante. Há também várias áreas mais tranquilas para relaxar *(pág. 84)*.

5 Carioca da Gema

Tido como o melhor clube de samba do Rio, o Carioca da Gema fica instalado em uma aconchegante casa de dois andares na Lapa, a uma curta

O botequim é uma instituição carioca que serve petiscos e chope (pág. 60). *Um exemplo típico é o do Bar Luiz.*

caminhada da Rio Scenarium. Renomados artistas de samba e choro tradicionais tocam aqui. Como o lugar é concorrido e lota nos fins de semana, chegue cedo para garantir uma mesa ou um lugar no bar *(pág. 84)*.

Bar Luiz

6 Bardot

Na rua de alta gastronomia do Leblon, o bar Bardot atrai uma clientela rica e agitada nos fins de semana, mas nos outros dias é bem tranquilo. Em sua pista de dança aconchegante a trilha sonora é a usual de clubes modernos. *Mapa K5 • Rua Dias Ferreira 247a, Leblon • (21) 2274 5590*

7 Nuth

Evocando Miami e com dois níveis, este clube dançante fica na Barra da Tijuca, a meia hora de Ipanema. Você pode tomar drinques no jardim ou ir para a pista de dança lotada, com trilha de música pop europeia. Nos fins de semana, venha pós as 23h. *Mapa B6 • Av Armando Lombardi 999, Barra da Tijuca • (21) 3153 8595 • www.nuth.com.br*

8 Melt

A pista de dança deste clube despojado fica tão apinhada nos fins de semana que é quase impossível se mexer. Venha antes das 22h para um drinque no bar no piso de baixo. Muitas vezes há bandas ao vivo tocando o irresistível samba-funk carioca. *Mapa K6 • Rua Rita Ludolf 47, Leblon • (21) 2249 9309*

9 00

Elegante e eclético, o 00 ("zero zero") tem programação variada de música ao vivo e DJs. O pequeno bar se estende até um jardim, o que permite achar sempre um canto menos ruidoso *(pág. 106)*.

10 Bar Luiz

Este bar e restaurante muito amplo é uma velha instituição da cidade que ainda mantém garçons vestidos à moda tradicional. Cariocas famosos, como Heitor Villa-Lobos *(pág. 68)*, vinham bater papo, petiscar e tomar chope, hábito mantido até hoje, especialmente nas noites de sexta-feira *(pág. 62)*.

Baixo Bebê; Macaco-prego-de-cara-branca no Parque Nacional do Itatiaia

TOP 10 Atrações para Crianças

1 Jardim Zoológico

Além de abrigar mais de 2 mil animais, entre eles girafas, antas, cobras e grandes carnívoros em cercados protegidos, este zoológico moderno mantém um importante programa de reprodução em cativeiro para saguis e micos – os menores macacos do mundo. Um pequeno trem leva as crianças para um passeio. *Mapa E1 • Quinta da Boa Vista, São Cristóvão • (21) 3878 4200 • Aberto 9h-16h30 ter-dom • Entrada paga • www.rio.rj.gov.br/riozoo*

2 Jardim Botânico

Situado ao lado da lagoa Rodrigo de Freitas, este imenso jardim tropical sombreado rende ótimo passeio, independentemente de o dia estar ensolarado ou nublado. Há lagos, regatos e cascatas, e as crianças podem avistar esquilos e cutias em meio às árvores. O Café Botânico é um local agradável para um lanche *(págs. 18-9)*.

Cascata no Jardim Botânico

3 Pão de Açúcar

As vistas a partir do Pão de Açúcar e do morro da Urca podem ser espetaculares, mas as crianças vão gostar mais ainda de andar nos bondinhos que levam até o topo desses morros, os quais também têm trilhas encantadoras. Fique de olho nos saguis com tufos de pelo nas orelhas. O Pão de Açúcar tem um café-bar e o morro da Urca conta com cafés e restaurantes, além de um teatro que abriga shows de música popular e outros espetáculos *(págs. 12-3)*.

4 Baixo Bebê

Sob o imponente morro Dois Irmãos, no final da praia do Leblon, este quiosque, que mais parece um pequeno playground, oferece a seus frequentadores diversos brinquedos na areia, velocípedes na calçada e até uma área para troca de fraldas. É o ponto da praia preferido de famílias com crianças. *Mapa L6 • Praia do Leblon*

5 Espaço Cultural da Marinha

Este centro cultural dispõe de um museu de arqueologia subaquática e navegação, além de navios atracados em um cais privado. As crianças ficarão fascinadas com o módulo expositivo da Galeota de D. João 6º, com um submarino e com o contratorpedeiro *Bauru*, que participou da Segunda Guerra Mundial. *Mapa X2 • Av Alfredo Agache, Centro • (21) 2104 6025 • Aberto 12h-17h ter-dom • www.mar.mil.br/sdm/ecm/ecm.htm*

Telescópio potente no Planetário

6 Planetário

Reformado há pouco tempo, este planetário ultramoderno é o melhor da América do Sul. Além de shows astronômicos, tem um museu interessante que apresenta exposições interativas. Três vezes por semana, crianças de todas as idades ganham permissão para utilizar os potentes telescópios, a fim de observar planetas e galáxias *(pág. 74)*.

7 Rio Water Planet

O maior conjunto de escorregadores, piscinas e atrações aquáticas do Estado do Rio de Janeiro se encontra no Rio Water Planet, no bairro de Vargem Grande, a 20km do centro da cidade. Para chegar até aqui é preciso ter carro ou pegar táxi, pois o transporte público é limitado.

Mapa A6 • Estrada dos Bandeirantes, Vargem Grande • (21) 2428 9000 • Aberto 10h-17h sáb-dom; fechado no inverno • Entrada paga • www.riowaterplanet.com.br

8 Parque da Catacumba

Localizado em uma encosta de morro com vegetação replantada de Mata Atlântica, este parque dá vista para a Lagoa e oferece divertidas tirolesas tanto para crianças quanto para adultos. A entrada é gratuita, mas há uma pequena taxa para as tirolesas *(pág. 73)*.

9 Passeios de Helicóptero

Helicópteros partem da lagoa Rodrigo de Freitas, do morro da Urca e do mirante Dona Marta, perto do Corcovado, cobrindo um roteiro que passa pelas praias e pelos espetaculares marcos naturais da cidade *(pág. 53)*.

10 Parque Nacional do Itatiaia

Protegendo grande área de floresta tropical, o parque nacional mais antigo do Brasil, a pouco mais de 150km do Rio, tem rica diversidade de flora e fauna. É um bom local para observação de aves, pois abriga cerca de 250 espécies. Há ainda macacos e quatis, que circulam pelas trilhas que partem dos hotéis ou da estrada do parque *(pág. 96)*.

Vôlei de areia; Caminhada em trilha no Parque Nacional da Tijuca

TOP 10 Esportes e Atividades ao Ar Livre

1 Corrida

Correr no início da manhã ou no fim da tarde é um exercício praticado por muitos cariocas. Os melhores lugares para isso são as orlas de Copacabana, Ipanema, Leblon e Barra da Tijuca e as margens da lagoa Rodrigo de Freitas.

2 Vôlei de Areia

Este esporte é praticado regularmente em todas as praias cariocas. A Season Sport oferece aulas e fornece os equipamentos.

Season Sport: Mapa K4 • Rua Marquês de São Vicente, Gávea • (21) 2529 2415 • Aulas pagas • www.seasonsporttour.com

3 Surfe

As melhores praias para surfe são Ipanema – especialmente no canto do Arpoador –, Leblon, Barra da Tijuca e Prainha. É possível alugar pranchas em escolas como a Rico Surf. *ricosurf.globo.com • Aulas e pranchas pagas*

4 Kitesurfe

As ondas e ventos fortes tornam o norte do Estado um ótimo local para a prática deste esporte. Um dos melhores pontos, onde se pode aprender e praticar, é Cabo Frio, 150km ao norte do Rio. A praia da Barra da Tijuca, em frente à barraca do Pepê, é o ponto de reunião dos praticantes no Rio. *Extreme Sports Café: Mapa C2 • Praia do Foguete • www.extremesportscafe.com • Aulas pagas*

Surfista na praia do Arpoador

5 Windsurfe

O windsurfe é excelente a leste do Rio, onde lagoas e ventos criam as condições ideais. A MGW Tours oferece windsurfe em Niterói. *Mapa C2 • www.mgwbrasil.com.br*

6 Asa-Delta e Parapente

Poucos lugares no mundo são mais espetaculares do que o Rio para estes esportes. Partindo da pedra Bonita *(pág. 11)*, os voos de asa-delta e parapente terminam na praia de São Conrado. Várias empresas oferecem voos. *Voos pagos • www.justflyinrio.blogspot.com*

7 Caminhadas

O terreno montanhoso e cheio de matas em torno do Rio é propício para ótimas caminhadas.

Asa-delta

Escalada em rocha

Uma das melhores rotas vai até o cume da pedra da Gávea *(pág. 11)*, o monólito costeiro mais alto do mundo. *www.trilhasdorio.com.br*

8 Escalada em Rochas

O Rio tem muitas rochas apropriadas para escalada, e as vistas e os locais são fabulosos. No topo da lista estão o Pão de Açúcar e o morro da Urca *(págs. 12-3)*. Outros lugares belíssimos são o Parque Nacional do Itatiaia *(pág. 96)* e a serra dos Órgãos *(pág. 95)*, ambos fora da cidade. *www.climbinrio.com*

9 Golfe

Com 18 buracos, o melhor campo de golfe da cidade fica em um clube privado no bairro de São Conrado. Os melhores hotéis do Rio agendam partidas nesse clube. *Gávea Golf and Country Club: Mapa D6 • Estrada da Gávea 800, São Conrado • (21) 3323 6050 • Entrada paga*

10 Mergulho

A pesca industrial nos anos 1980 prejudicou a vida marinha em torno do Rio. Restam pontos razoáveis para mergulho em Arraial do Cabo, perto de Cabo Frio *(pág. 96)*, onde há corais, esponjas e outros seres marinhos. *Mapa C2*

Praias para Surfe

1 Arpoador

Um dos melhores locais para o surfe no Rio é perto da pedra do Arpoador, no norte de Ipanema. Atenção à correnteza.

2 Leblon

As ondas daqui são fáceis para novatos, mas a correnteza pode ser forte e a água, gelada.

3 Prainha

As melhoras ondas do Rio estão nesta pequena praia no extremo sul, logo após o Recreio dos Bandeirantes.

4 Barra da Tijuca

Alguns trechos desta praia de 18km são propícios para o surfe. O bairro oferece boa estrutura para os praticantes.

5 Recreio

Na ponta da extensa praia da Barra da Tijuca fica o Recreio dos Bandeirantes. As ondas nesta praia quebram nas rochas a poucos metros da areia, atraindo muitos surfistas.

6 São Conrado

O surfe é praticado no canto esquerdo da praia, com ondas entre 1m e 1,5m. As asas--deltas pousam aqui.

7 Grumari

Situada ao lado da Prainha, Grumari é uma praia grande, selvagem, tranquila e também propícia para o surfe.

8 Barra de Guaratiba

É uma praia situada na foz de um rio, ainda mais ao sul do que a Prainha e Grumari, boa para a prática do esporte.

9 Itaipu

Esta praia de Niterói é uma das mais procuradas para surfe, bodyboard e windsurfe.

10 Itacoatiara

Algumas das melhores ondas do Estado quebram nesta praia de Niterói, frequentada por muitos surfistas do Rio.

Passeio de helicóptero; Mostra de arte Favela; Passeio de buggy na praia

TOP 10 Passeios e Excursões

1 Visita a Favela

Visitar uma das favelas do Rio *(pág. 74)* é uma experiência marcante, que quebra os preconceitos em relação a essas áreas pobres. Para isso, contrate uma operadora que contribua com a comunidade. *Visita paga • www.favelatour.org, www.favelatour.com.br*

2 Passeio a Pé

Uma caminhada guiada é a melhor maneira de conhecer as atrações históricas do centro e de Santa Teresa, mas fique atento a seus pertences. *Passeio pago • www.culturalrio.com.br*

3 Futebol

A multidão delira no Maracanã, hoje em reforma para a Copa de 2014, e também no Estádio Olímpico João Havelange, o Engenhão. Contrate uma operadora de turismo *(pág. 35)* para ver um jogo.

4 Trilhas no Rio e ao Redor

Além de caminhadas em trilhas no Parque Nacional da Tijuca, a Rio Hiking também leva à serra dos Órgãos *(pág. 95)* e ao Parque Nacional do Itatiaia *(pág. 96)*, que tem várias rotas na floresta tropical. *Passeios pagos • www.riohiking.com.br*

5 Passeios de Jipe e Buggy

Passeios de jipe no Parque Nacional da Tijuca e pela cidade são ótimos. Passeios de buggy em praias passam por Corcovado, Tijuca e Niterói. *Passeios pagos • www.jeeptour.com.br*

6 Subida a Pé até o Corcovado

A melhor caminhada oferecida pela Rio Trilhas dura meio dia e segue uma trilha que vai do Parque Lage *(pág. 75)* até o Corcovado *(págs. 8-9)*. *Mapa D4 • www.riotrilhas.com.br*

A multidão vibra em um jogo de futebol no Maracanã

Caminhada no Parque Nacional da Tijuca

7 Barco na Baía de Guanabara

A baía de Guanabara é uma das mais belas do mundo. As vistas mágicas do Rio a partir de suas águas são inesquecíveis. *Passeio pago • www.saveiros.com.br*

8 Passeios de Helicóptero

Um voo de helicóptero sobre o Rio abrange o Corcovado, o Pão de Açúcar, as praias e o Maracanã. As vistas são melhores no meio do dia, quando há menos sombras *(pág. 12)*. *Voos pagos • www.helisight.com.br*

9 Cruzeiros de Luxo em Paraty e na Ilha Grande

A costa entre Rio e São Paulo tem ilhas com floresta tropical e relevo montanhoso. A Angatu oferece cruzeiros de luxo em iates e em barcos a motor na região, com a opção de estadas em residências privadas de veraneio. *Cruzeiros e estadas pagos • www.angatu.com*

10 Passeios de Carro em Petrópolis e Arredores

Contrate um carro com motorista para conhecer as montanhas atrás do Rio. Com parques nacionais e cidades coloniais, a área inclui a serra dos Órgãos e a capital de veraneio imperial, Petrópolis, que ainda tem muitos palácios e edifícios imponentes. *Passeios pagos*

Vistas do Rio

1 Pão de Açúcar

Vá de manhã para apreciar as vistas da baía de Guanabara e do Corcovado, douradas pelo sol *(págs. 12-3)*.

2 Corcovado

Deixe para ir no fim da tarde, quando o Pão de Açúcar e a baía de Guanabara ganham um tom laranja flamejante *(págs. 8-9)*.

3 Pedra da Gávea

Como se pode esperar, há vistas encantadoras a partir do monólito costeiro mais alto do mundo *(pág. 11)*.

4 Museu Casa de Benjamin Constant

O jardim deste museu tem vistas maravilhosas do centro da cidade *(pág. 82)*.

5 Niterói

Cidade do outro lado da baía de Guanabara, oferece lindas vistas do Rio *(pág. 36)*.

6 Parque Lage

Aqui há vistas estupendas que abrangem desde a floresta até o Corcovado e o Cristo Redentor *(pág. 75)*.

7 Praia de Ipanema

A luz do poente tinge a praia de dourado e deixa a silhueta do morro Dois Irmãos ainda mais bela *(pág. 36)*.

8 Favela da Rocinha

Esta favela no morro descortina algumas das vistas mais deslumbrantes da cidade *(pág. 74)*.

9 Floresta da Tijuca

O parque da floresta da Tijuca fica acima de quase todo o centro do Rio e oferece vistas incríveis. *Mapa D4*

10 Voos Chegando ao Rio

Dos aviões que chegam ao Aeroporto Santos Dumont *(pág. 103)* há vastos panoramas da baía. *Mapa J2*

Garcia & Rodrigues; Um dos bondes de Getúlio; Fantasias da Casa Turuna

TOP 10 Compras

1 Arte e Artesanato na Feira Hippie

Há muitas opções de compras nesta conhecida feira de domingo na praça General Osório, em Ipanema. Procure as miniaturas de casas da Rocinha, feitas de madeira ou papel machê e iluminadas por dentro, e as esculturas de corda de um artista da favela *(pág. 90)*.

2 Arte e Artesanato do Nordeste na Feira de São Cristóvão

Um programa imperdível no Rio é ir a esta feira agitada cujas 700 barracas mantêm as tradições nordestinas. Entre as atrações estão shows de forró, arte e artesanato variado e comidas absolutamente deliciosas. *Mapa E1 • Centro Luiz Gonzaga de Tradições Nordestinas, Campo de São Cristóvão • (21) 2580 0501 • Aberto 10h-16h ter e o dia todo sex-dom • www.feiradesaocristovao.org.br*

Peças de artesanato na Feira Hippie

3 Perfumes de O Boticário

A rede de cosméticos e produtos de higiene pessoal O Boticário tem filiais por todo o Rio de Janeiro e pelo país. Sua ampla variedade de produtos naturais inclui sabonetes, perfumes e loções pós-barba de aroma delicioso, muitos deles à base de plantas brasileiras. *Mapa W3 • www.oboticario.com.br*

Placa de O Boticário

4 Biquínis da Lenny

A praia é um dos poucos lugares no Rio de Janeiro onde o traje é fundamental. A moda praia brasileira é a mais valorizada no mundo – pelo menos por fashionistas e modelos –, e o melhor lugar para achar os modelos e padronagens do momento é a Lenny, no coração de Ipanema. Outras lojas excelentes de moda praia por perto são a Salinas e a Blue Man. *Mapa N5 • Rua Visconde de Pirajá 351, Lojas 114/115, Ipanema • (21) 2523 3796 • www.lenny.com.br*

5 Café no Garcia & Rodrigues

Com duas unidades no Rio e uma em São Paulo, este elegante restaurante e padaria oferece pratos franceses e brasileiros. É possível também comprar cafés gourmet de ótimas procedências. *Mapa K5 • Av Ataulfo de Paiva 1251, Leblon • (21) 3206 4109 • www.garciaerodrigues.com.br*

6 Joias de Antônio Bernardo

Até recentemente, o designer de joias mais exclusivo e refinado do país só vendia suas criações no Brasil, onde ainda se veem mais opções do que no exterior. Esta é sua loja-conceito.
Mapa M5 • Rua Garcia D'Ávila, Ipanema • (21) 2512 7204 • www.antoniobernardo.com.br

Arte do Grupo Rocinha Grafite

7 DVDs e Discos

Com sete filiais no Rio, a charmosa Livraria da Travessa oferece DVDs de música brasileira e um ótimo café. A Toca do Vinicius *(pág. 90)*, em Ipanema, é ótima para samba, bossa nova e choro. *Livraria da Travessa: Mapa N5 • Rua Visconde de Pirajá 572, Ipanema (e mais 6 filiais) • (21) 3205 9002 • www.travessa.com.br*

8 Fantasias de Carnaval da Casa Turuna

Quem pretende levar para casa uma lembrança do famoso Carnaval carioca ou se vestir a caráter na semana dos festejos de Momo deve ir a esta loja fantástica na região central. Aqui há desde fantasias e boás de plumas até biquínis com lantejoulas a preços muito razoáveis. *Mapa W2 • Rua Senhor dos Passos 122, Centro • (21) 2509 3908*

9 Miniaturas de Bonde do Getúlio

Passando sua infância nas ruas do Rio, o habilidoso Getúlio Damato começou a fazer e vender miniaturas dos bondes que circulam em Santa Teresa. Hoje, sua pequena oficina em forma de bonde é uma querida instituição carioca, e suas miniaturas viraram itens de coleção.
Mapa W6 • Entre Rua do Aqueduto e Francisco de Castro

10 Arte do Grupo Rocinha Grafite

Este grupo de artistas cresceu na Rocinha *(pág. 74)*, onde mantém um estúdio. Suas melhores obras são telas não comerciais repletas de crítica social, que ficam em uma saleta nos fundos e podem ser vistas mediante solicitação.
Mapa K5 • www.bealocal.com

ÁREA POR ÁREA

Convento de Santo Antônio; Catedral Metropolitana de São Sebastião

Centro

O AGITADO CENTRO DO RIO FICA EM UM PROMONTÓRIO *que se projeta na baía de Guanabara, ao norte do Pão de Açúcar* (págs. 12-3). *Uma onda imobiliária irresponsável no início do século 20 levou à demolição de muitos dos mais belos edifícios da área, o que fez a região central perder grande parte da unidade arquitetônica que caracteriza muitas cidades latino--americanas. No entanto, ainda restam vestígios do passado glorioso do Rio em torno das amplas avenidas do centro, onde edifícios públicos e comerciais indistintos são entremeados por encantadores palácios e igrejas barrocas, assim como por fascinantes museus e galerias de arte.*

Monumento na praça XV

Esculturas à mostra no Museu Nacional de Belas Artes

TOP 10 Destaques

1. Mosteiro de São Bento
2. Museu Nacional de Belas Artes
3. Museu Histórico Nacional
4. Praça XV
5. Convento de Santo Antônio
6. Catedral Metropolitana de São Sebastião
7. Igreja da Candelária
8. Real Gabinete Português de Leitura
9. Confeitaria Colombo
10. Nossa Senhora da Lapa

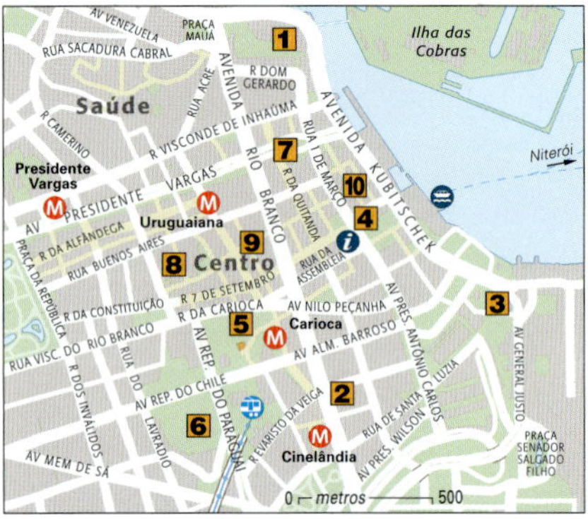

Nas páginas anteriores, **praia de Copacabana**

1 Mosteiro de São Bento

A igreja mais antiga do Rio também é uma das mais belas do Brasil. A fachada modesta esconde um interior suntuoso com entalhes barrocos, incluindo a luxuosa Capela do Santíssimo Sacramento. Quem vem até aqui no domingo às 10h pode ouvir os monges beneditinos, que vivem no mosteiro adjacente, cantando na missa em latim *(págs. 14-5).*

2 Museu Nacional de Belas Artes

O primeiro museu de arte do Rio tem um dos acervos mais consistentes da América Latina. A apologia ao colonialismo *A Primeira Missa no Brasil*, de Vitor Meirelles, está exposta aqui. O movimento modernista brasileiro é representado por pintores como Cândido Portinari, Emiliano Di Cavalcanti e Tarsila do Amaral, que definiram as diretrizes desse movimento no país *(págs. 16-7).*

Peça de altar da capela no Mosteiro de São Bento

3 Museu Histórico Nacional

Com foco exclusivo na história do Brasil, o Museu Histórico Nacional é um dos maiores museus do país. Os painéis e peças expostos mostram o desenvolvimento do Brasil desde a Idade da Pedra, quando os habitantes originais fizeram pinturas na serra da Capivara, até os primeiros tempos da República. O café ao lado do saguão serve deliciosos sucos, lanches e cafés. Venha durante a semana para escapar das multidões *(págs. 20-1).*

4 Praça XV

Dominada pelo Paço Imperial, esta praça histórica ao lado do cais de balsas preserva mais a memória do Rio sob domínio português do que qualquer outra parte da cidade. Até a proclamação da República em 1889, esta praça era o centro político dos Estados do Rio de Janeiro e de Minas Gerais, e, após a chegada da família real, tornou-se a sede do poder no Brasil. A praça XV reúne edifícios históricos, restaurantes, bares, lojas e duas das igrejas mais belas no centro do Rio – a Igreja de Nossa Senhora do Monte do Carmo e a Igreja da Ordem Terceira do Carmo *(págs. 22-3).*

Pinturas rupestres no Museu Histórico Nacional

Veja mais sobre museus e galerias de arte nas **págs. 34-5**

Botequins

Os botequins, ou botecos, são uma instituição carioca – pequenos restaurantes e bares que se espalham por toda a cidade, da Zona Sul até o centro e os bairros do subúrbio. Costumam ser agitados, com garçons apressados servindo chopes e petiscos. Um dos botecos mais famosos do centro é o Bar Luiz *(pág. 47)*; em Ipanema, é o Garota de Ipanema, berço da bossa nova no início dos anos 1960.

5 Convento de Santo Antônio

O segundo convento mais antigo do Rio ocupa um conjunto de belas igrejas coloniais em um morro voltado para o largo da Carioca. O interior é decorado com azulejos e estátuas de santo Antônio. Mulheres rezam muito para o santo, que ajudaria a arrumar marido. *Mapa W3 • Largo da Carioca s/n • (21) 2262 0129 • Aberto 7h30-19h30 seg-sex, 7h30-11h sáb, 9h-11h dom*

6 Catedral Metropolitana de São Sebastião

Muitas vezes atribuída erroneamente ao mais famoso arquiteto modernista do Brasil, Oscar Niemeyer *(pág. 68)*, a catedral foi de fato projetada por Edgar de Oliveira

Vitral na Catedral Metropolitana

Interior da Igreja da Candelária

da Fonseca em 1976-84. O subsolo abriga o Museu de Arte Sacra, que preserva objetos antigos da família real portuguesa. *Mapa W4 • Av República do Chile 245 • (21) 2240 2669 • Aberto 7h-19h diariam (museu 9h-12h sáb-dom) • www.catedral.com.br*

7 Igreja da Candelária

Há muito tempo este templo grandioso em estilo italiano é a igreja que realiza mais cerimônias de casamento da alta sociedade do Rio. Construída entre 1775 e 1894, a igreja foi inspirada na Basílica da Estrela em Lisboa, e o mármore usado no interior foi importado de Verona. A Candelária tirou seu nome de uma capela erigida por um casal espanhol neste mesmo terreno em 1609, em homenagem a Nossa Senhora da Candelária. *Mapa W2 • Praça Pio X • (21) 2233 2324 • Aberto 8h-16h seg-sex, 8h-12h sáb, 9h-13h dom*

8 Real Gabinete Português de Leitura

Esta esplêndida biblioteca é uma joia escondida no centro da cidade. Seu estilo manuelino surgiu em Portugal no século 15, sendo singular devido às claras influências islâmicas e aos motivos náuticos. Construída no século 19 pelo arquiteto português Rafael da Silva e Castro, a biblioteca abriga a maior coleção de obras literárias portuguesas fora de Portugal. *Mapa W3 • Rua Luís de Camões 30 • (21) 2221 3138 • Aberto 9h-18h seg-sex • www.realgabinete.com.br*

9 Confeitaria Colombo

Fundada em 1894, esta confeitaria excelente fica a poucos quarteirões do Real Gabinete e é um tradicional ponto de encontro. O salão de baixo exibe espelhos magníficos, enquanto o piso superior tem linda claraboia Art Nouveau. Aos sábados, a feijoada muitas vezes é acompanhada de música ao vivo. Há uma filial da Confeitaria Colombo no Forte de Copacabana *(pág. 25)*. *Mapa W2 • Rua Gonçalves Dias 32 • (21) 2505 1500 • Aberto 9h-20h seg-sex, 9h30-17h sáb • www.confeitaria colombo.com.br*

A elegante Confeitaria Colombo

10 Nossa Senhora da Lapa

Escondida perto da praça XV, esta igreja de fachada modesta tem um estupendo interior barroco com detalhes em alto-relevo. A abóbada central, iluminada por vários vitrais redondos e uma claraboia oval, é especialmente encantadora. A planta da igreja data de 1750. *Mapa X2 • Rua do Ouvidor 35 • (21) 2509 2339 • Aberto 8h-14h seg-sex*

Um Dia no Centro Histórico

Manhã

Comece o passeio no centro apreciando uma exposição temporária no **Paço Imperial** *(pág. 22)* ou as belas igrejas que se agrupam nas imediações da **praça XV** *(págs. 22-3)*, que fica perto. Há sempre curiosidades interessantes na pequena feira na praça, e a loja dentro do **Paço Imperial** também merece uma visita com calma. Cruze a praça no sentido norte passando sob os **Arcos dos Teles** e ao longo da charmosa **travessa do Comércio** *(pág. 23)*. Visite a igreja de **Nossa Senhora da Lapa** na esquina e vire à esquerda na rua do Ouvidor na direção da avenida Rio Branco. A agitação das ruas em torno da Ouvidor mostra bem o real cotidiano do centro do Rio. A seguir, vire à esquerda na rua Gonçalves Dias e pare para almoçar na **Confeitaria Colombo**, no nº 32.

Tarde

O magnífico **Real Gabinete Português de Leitura** fica por perto. Para chegar, vá subindo a rua Gonçalves Dias e vire à esquerda na rua do Ouvidor – o gabinete está logo após a igreja de São Francisco de Paula, à direita. Depois rume para o sul na rua Ramalho Ortigão até o largo da Carioca e a igreja barroca de **Santo Antônio**, que fica em um morro. Daqui você verá a torre da **Catedral Metropolitana de São Sebastião**. O **Teatro Municipal** fica no leste, seguindo pela avenida República do Chile. Depois caminhe pela avenida Rio Branco e vá conhecer o **Museu Nacional de Belas Artes** *(págs. 16-7)* ou sente-se no bar **Amarelinho** *(pág. 62)* para tomar um chope.

Confeitaria Colombo; Bar Luiz

TOP 10 Bares e Cafés

1 Adega do Timão

Decorado com relíquias náuticas e iluminado por um lustre francês do século 19, tem animado happy hour. *Mapa W2 • Rua Visconde de Itaboraí 10 • (21) 2224 9616*

2 Confeitaria Colombo

Elegante e espaçosa, esta confeitaria é a mais tradicional do Rio. Vale a pena almoçar ou lanchar aqui, ao som de piano. Os doces e salgadinhos são famosos *(pág. 61)*.

3 Botequins na Travessa do Comércio

Os botecos nesta travessa perto da praça XV *(págs. 22-3)* são frequentados por cariocas nos dias de semana ao final da tarde. O local tem atmosfera descontraída, com mesas nas calçadas. *Mapa X2*

4 Amarelinho

Este boteco na Cinelândia foi aberto no início do século 20. É um ponto de passagem tradicional do centro. Tem mesas na calçada de frente para a praça. *Mapa X4 • Praça Floriano 55B • (21) 2240 8424*

5 Bar Luiz

Um dos botequins mais queridos do Rio, serve chope e petiscos alemães desde 1887. *Mapa W3 • Rua da Carioca 39 • (21) 2262 6900*

6 O Paladino

Um dos botecos mais tradicionais do centro, às vezes tem música ao vivo à noite. Prove o petisco de camarão. *Mapa W2 • Rua Uruguaiana 226 • (21) 2263 2094*

7 Botequins no Beco das Sardinhas

É divertido andar nesta agitada rua de pedestres entrando de bar em bar para saborear os petiscos e tomar cerveja. *Mapa W2 • Rua Miguel Couto*

8 Mala e Cuia

Animado no almoço e nas noites de sexta e sábado, este boteco era o favorito de alguns cariocas famosos, como o compositor Heitor Villa-Lobos *(pág. 68)*. *Mapa X4 • Praça Floriano 55, Cinelândia • (21) 2240 8434*

9 Bar Brasil

Este bar alemão tem uma ampla variedade de cervejas e comida da Bavária. Os murais são do artista Selarón, que decorou a ladeira que tem seu nome *(págs. 82-3)*. *Mapa W4 • Av Mem de Sá 90*

10 Rio Minho

Há excelentes frutos do mar neste boteco e restaurante, que conquistou uma clientela fiel. Muitos cariocas o frequentam no almoço. *Mapa W2 • Rua do Ouvidor 10 • (21) 2231 2338*

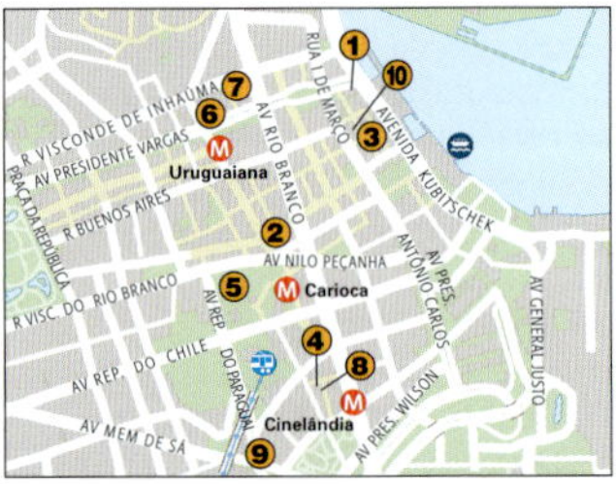

Veja mais sobre botequins na **pág. 60**

Categorias de Preço

Refeição para uma pessoa com três pratos, meia garrafa de vinho (ou prato equivalente), impostos e serviço.

$	até R$30
$$	R$30-R$50
$$$	R$50-R$70
$$$$	R$70-R$100
$$$$$	mais de R$100

Vista externa do Albamar

TOP 10 Restaurantes

1 Albamar

Outrora parte de um grande mercado que foi demolido em 1933, este restaurante, onde há deliciosos frutos do mar, era tão querido pela alta sociedade que sobreviveu. *Mapa X2 • Praça Marechal Âncora • (21) 2240 8378 • $$$*

2 Café do Theatro

Bem animado no almoço, oferece café, bolos e lanches deliciosos. *Mapa X3 • Theatro Municipal, Av Rio Branco • (21) 2262 3935 • Fechado à noite • $*

3 Brasserie Europa

Executivos vêm almoçar aqui durante a semana aproveitando o ar-condicionado e a cerveja gelada. *Mapa W4 • Rua Senador Dantas 117 • (21) 2220 2656 • $$*

4 Bistrô do Paço

Instalado no átrio central do Paço Imperial *(pág. 22)*, este café e restaurante tem um menu de almoços leves. *Mapa X2 • Paço Imperial, praça XV • (21) 2262 3613 • $$*

5 Cais do Oriente

Em um dos restaurantes mais bonitos do centro, versões brasileiras de pratos asiáticos e mediterrâneos. *Mapa X2 • Rua Visconde de Itaboraí 8 • (21) 2233 2531 • $$*

6 Republique

O menu de inspiração francesa daqui tem um toque de cozinha fusion. *Mapa U2 • Praça da República 63 • (21) 2532 9000 • Fechado dom e seg • $$*

7 Mosteiro

Batizado em homenagem ao Mosteiro de São Bento *(págs. 14-5)*, que fica nas imediações, este restaurante tradicional é famoso por seu bacalhau. *Mapa W1 • Rua São Bento 13/15 • (21) 2233 6426 • $$$*

8 Margutta Città

As opções neste restaurante italiano são peixes, massas e risotos. O salão é arejado e elegante e o atendimento, impecável. *Mapa X4 • Av Graça Aranha 1 • (21) 2563 4091 • $$*

9 Al-Kuwait

O menu deste restaurante árabe e norte-africano também inclui alguns pratos brasileiros. Os preços justos contribuem para sua popularidade. *Mapa X4 • Av Treze de Maio 23 • (21) 2240 1114 • $$*

10 Bistrô dos Correios

Espremido dentro do Centro Cultural Correios e famoso por abrigar eventos e exposições, este pequeno bistrô é bom para almoço e chá da tarde. *Mapa X2 • Rua Visconde de Itaboraí 20 • (21) 2219 5324 • Aberto 12h-19h • $$*

Museu de Folclore Edison Carneiro; Museu Carmen Miranda

Bairros Praianos na Baía de Guanabara

O RIO DE JANEIRO SE ESTENDE PARA O SUL *acompanhando o recorte da baía de Guanabara, por meio de vários bairros praianos belíssimos que vão até o Pão de Açúcar, na entrada da baía. A história do Rio elegante pode ser percebida nessas áreas. Na época colonial a aristocracia frequentava o centro, depois se deslocou para a Glória, com sua marina repleta de iates, e em meados do século 20, para o Flamengo e Botafogo. Quando a água ficou poluída, a classe alta trocou esses bairros pela avenida Atlântica e Copacabana. Hoje, Ipanema e Leblon são endereços cobiçados. Os bairros junto à baía, porém, ainda têm edifícios imponentes, belos parques e pequenos museus e galerias interessantes.*

O Pão de Açúcar e o morro da Urca vistos da praia de Botafogo

TOP 10 Destaques

1. Pão de Açúcar
2. Monumento Nacional aos Mortos da Segunda Guerra Mundial
3. Igreja Nossa Senhora da Glória do Outeiro
4. Museu Carmen Miranda
5. Museu de Folclore Edison Carneiro
6. Museu do Índio
7. Museu Villa-Lobos
8. Praia de Fora
9. Pista Cláudio Coutinho
10. Casa de Rui Barbosa

Nas páginas anteriores, **o Pão de Açúcar ao entardecer**

1 Pão de Açúcar

Cartão-postal do Rio, este morro famoso fica na entrada da baía de Guanabara, voltado para Niterói e as águas azuis do Atlântico. A vista a partir do topo é diferente, mas tão formidável quanto a do Cristo, em qualquer hora. Embora índios brasileiros já escalassem o morro há séculos, o primeiro europeu só chegou ao cume em 1817. O bondinho é a melhor forma de subir, mas algumas pessoas preferem chegar escalando, ou até de helicóptero *(págs. 12-3)*.

2 Monumento Nacional aos Mortos da Segunda Guerra Mundial

Dotado de equilíbrio notável, este pedestal dá suporte a duas colunas de concreto encimadas por uma laje convexa. Trata-se de um dos monumentos modernistas mais impressionantes do Rio, que muitos atribuem a Oscar Niemeyer *(pág. 68)*. Na realidade, esta obra de 1952 é dos arquitetos Marcos Konder Neto e Hélio Ribas Marinho, em homenagem aos soldados brasileiros que tombaram lutando na Itália. *Mapa X5 • Av Infante Dom Henrique s/n, Glória • (21) 2262 3935 • Aberto 10h-18h ter-sex e 14h-18h sáb-dom*

Memorial aos pracinhas na Glória

Igreja Nossa Senhora da Glória do Outeiro

3 Igreja Nossa Senhora da Glória do Outeiro

Uma das igrejas mais belas do século 18 no Rio fica ao sul do monumento aos pracinhas, no alto de um outeiro cercado por matas e voltado para a baía. O interior octogonal, revestido com finos painéis de azulejos azuis e brancos, é impressionante. O Museu da Imperial Irmandade fica atrás da igreja, que era a favorita da família real brasileira e onde o imperador dom Pedro 2º *(pág. 31)* foi batizado. *Mapa X6 • Praça Nossa Senhora da Glória 135, Glória • (21) 2557 4600 • Aberto 9h-12h e 13h-17h ter-sex, 9h-12h sáb e dom • Entrada paga*

4 Museu Carmen Miranda

Este edifício deselegante abriga algumas relíquias da primeira cantora brasileira de fama internacional. O público pode ver fotos, fantasias, sapatos, bijuterias, discos, cartazes dos filmes brasileiros e americanos, recortes de jornal e capas de revista. Carmen morou no Rio na infância e na adolescência, mas nasceu em Lisboa. *Mapa H4 • Parque Brigadeiro Eduardo Gomes (Aterro do Flamengo); será transferido para o Museu da Imagem na av Atlântica em 2012 • (21) 2299 5586 • Aberto 10h-17h ter-sex, 12h-17h sáb-dom • Entrada paga*

Arquitetura Modernista e Oscar Niemeyer

O Palácio Gustavo Capanema *(pág. 70)* foi o primeiro edifício modernista nas Américas. Oscar Niemeyer, que ajudou a projetá-lo, se tornou o arquiteto mais importante da América Latina. Comunista, perseguido pela ditadura militar, foi obrigado a se exilar em 1966. Voltou ao Brasil em 1985, e hoje, aos 103 anos, continua criando projetos.

5 Museu de Folclore Edison Carneiro

Enfocando arte popular e artesanato de todo o Brasil, este museu exibe maquetes entalhadas e painéis de rodeios, circos e cenas de festividades que, quando ligadas, funcionam como caixas de música. Suas mais de 14 mil peças incluem documentos bibliográficos, mostras audiovisuais e centenas de objetos de cerâmica e fotografias que dão boa noção sobre a vida cultural brasileira.

Mapa H3 • Rua do Catete 181, Catete • (21) 2285 0441 • Aberto 11h-18h ter-sex, 15h-18h sáb, dom e feriados

6 Museu do Índio

Quando os portugueses chegaram, o Brasil era habitado por mais de 5 milhões de índios divididos em cerca de mil grupos. Grande parte de sua cultura foi eliminada com o início da escravidão. Este museu exibe muitos objetos de diferentes tribos e tem salas com painéis informativos e shows de slides. Há ainda uma maloca guarani (casa comunitária de sapê), loja e biblioteca.

Mapa Q1 • Rua das Palmeiras 55, Botafogo • (21) 3214 8702 • Aberto 9h-17h30 ter-sex, 13h-17h sáb-dom • Entrada paga (grátis dom) • www.museudoindio.gov.br

7 Museu Villa-Lobos

Heitor Villa-Lobos é o compositor clássico mais respeitado da América Latina. Entre 1917 e sua morte, em 1959, produziu mais de mil obras altamente originais, influenciadas tanto por compositores estrangeiros quanto por estilos musicais brasileiros, sobretudo o choro. Sua composição mais conhecida é a série de nove *Bachianas Brasileiras*, homenagem a Bach e à música popular brasileira. O museu na antiga casa do músico mostra aspectos de sua vida e obra, incluindo muitos instrumentos, partituras, gravações e correspondência profissional. Há eventuais concertos no jardim e na concha acústica do museu. *Mapa Q1 • Rua Sorocaba 200, Botafogo • (21) 2266 3845 • Aberto 10h-17h30 seg-sex*

8 Praia de Fora

Esta praia fabulosa fica aninhada entre os morros Cara de Cão e Pão de Açúcar. Foi aqui que Estácio de Sá e seus homens desembarcaram, em 1º de março de 1565, fundando a cidade de São Sebastião do Rio de Janeiro. Bastante segura, a praia de Fora é frequentada principalmente por moradores da Urca e por jovens que volta e meia fazem festas nas areias nos fins de semana.

Mapa J4 • Urca

Maloca comunitária no Museu do Índio

Casa de Rui Barbosa

9 Pista Cláudio Coutinho

Esta trilha para caminhadas serpenteia em torno da base do morro da Urca e do Pão de Açúcar. As vistas são maravilhosas ao longo de todo o percurso. A trilha, com cerca de 2.500m ida e volta, passa por matas em que se veem saguis e sanhaços de penas coloridas. É melhor caminhar no início da manhã. A trilha é uma das mais seguras da cidade, pois o bairro da Urca abriga um quartel do Exército, muitas casas de militares e várias instituições ligadas às Forças Armadas. *Mapa J4*
• *Aberto 6h-18h diariam*

10 Casa de Rui Barbosa

Orador brilhante, o advogado baiano Rui Barbosa foi um dos políticos mais influentes nos primeiros anos da República. Sua antiga residência, um dos muitos casarões imponentes do século 19 que continuam preservados em Botafogo, agora é um museu e centro de pesquisas. Nos fins de semana, há concertos de música clássica no salão principal, e os jardins são um oásis de serenidade. *Mapa Q1*
• *Rua São Clemente 134, Botafogo* • *(21) 3289 4600* • *Aberto 10h-17h ter-sex, 14h-18h sáb, dom e feriados* • *Entrada paga*
• *www.casaruibarbosa.gov.br*

Pista Cláudio Coutinho e Subida do Morro da Urca

Embora a **Pista Cláudio Coutinho** fique aberta o dia todo, das 6h às 18h, o melhor horário para fazer este passeio é de manhã cedo, quando a temperatura está mais amena. A entrada da pista fica no extremo leste da praia Vermelha, próximo à estação dos bondinhos. Depois de uma subida de 100m, calçada com paralelepípedos, tem início um caminho mais plano, pavimentado, que contorna a base do **morro da Urca** e segue até a do **Pão de Açúcar** (esse trecho de ida e volta da praia Vermelha até a base do Pão de Açúcar tem cerca de 2.500m). Ao longo do caminho, você terá belas vistas de ambos os morros e do oceano. Na altura dos 300m da Pista Cláudio Coutinho há uma placa que sinaliza a subida por uma trilha não pavimentada até o topo do morro da Urca –o caminho é mais íngreme, em meio a arbustos e raízes, mas pode ser cumprido em 1 hora por quem tem algum preparo. O esforço compensa, pois do alto do morro da Urca descortinam-se lindas vistas da baía de Guanabara e do centro do Rio de Janeiro. É essencial trazer bastante água, protetor solar, um chapéu e uma câmera. Pare de vez em quando para se refrescar sob as árvores ou nos cafés no topo do morro.

As trilhas que sobem o Pão de Açúcar são bem mais difíceis, e alguns trechos precisam ser escalados em companhia de guias experimentados. Uma opção disponível para subir o morro é contratar uma empresa de turismo como a **Rio Trilhas** *(pág. 52).*

Parque do Flamengo; Fortaleza de São João

TOP 10 Outras Atrações

1 Palácio Gustavo Capanema

O primeiro edifício modernista nas Américas está na lista de sítios sob estudo na Unesco que podem se tornar Patrimônios da Humanidade. *Mapa X3 • Rua da Imprensa 16, Cinelândia • 2220 1490 • Apenas visitas para grupos, com hora marcada*

2 Chafariz da Glória

Erigido em 1772, este é um dos chafarizes públicos mais antigos da cidade. Foi restaurado em 1905 e 1960. *Mapa X2 • Praça XV*

3 Memorial Getúlio Vargas

Figura controversa, o ex-presidente do Brasil viveu no Rio por quase 30 anos. Estas esguias colunas de mármore de 15m de altura em um lago com algas evocam seu legado. *Mapa X6 • Praça Luís de Camões, Glória • (21) 2245 7577 • Museu no subsolo: aberto 10h-19h ter-dom*

4 Marina da Glória

Barcos saem desta marina para passeios pela baía de Guanabara e pelas ilhas oceânicas, com durações variadas. *Mapa X6 • Glória*

5 Castelinho do Flamengo

Os estilos românico, Art Nouveau e mourisco se mesclam neste curioso castelinho, que abriga sala de concertos, centro de artes e videoteca. *Mapa H3 • Praia do Flamengo 158, Flamengo • (21) 2205 0655 • Aberto 10h-20h ter-sáb, 10h-18h dom*

6 Parque do Flamengo

Roberto Burle Marx fez o paisagismo destes jardins amplos na beira do mar. O parque tem vistas maravilhosas do Pão de Açúcar. *Mapa H3 • Flamengo*

7 Casa de Arte e Cultura Julieta de Serpa

Este edifício Art Nouveau abriga restaurante, bar, casa de chá e espaço de exposição. *Mapa H3 • Praia do Flamengo 340, Flamengo • (21) 2551 1278 • www.casajulietadeserpa.com.br*

8 Tempo Glauber

Dedicado ao cineasta baiano Glauber Rocha, este museu tem peças ligadas à sua carreira e um cinema. *Mapa Q1 • Rua Sorocaba 190, Botafogo • (21) 2527 5840 • Aberto 11h-17h seg-sex • Entrada paga • www.tempoglauber.com.br*

9 Praia Vermelha

Localizada entre os morros da Urca e da Babilônia, esta praia abriga dois campi universitários e algumas unidades do Exército. *Mapa J4 • Urca*

10 Fortaleza de São João

O português Estácio de Sá *(pág. 31)* fundou este forte em 1565, à sombra do Pão de Açúcar. Resta apenas um portão barroco da estrutura original. *Mapa J4 • Av João Luís Alves, Urca • (21) 2543 3323 • Aberta 10h-12h, 13h30-18h seg-sex • Entrada paga*

Espetinhos suculentos do Porcão Rio's

Categorias de Preço

Refeição para uma pessoa com três pratos, meia garrafa de vinho (ou prato equivalente), impostos e serviço.

$	até R$30
$$	R$30-R$50
$$$	R$50-R$70
$$$$	R$70-R$100
$$$$$	mais de R$100

TOP 10 Restaurantes

1 Alcaparra

Restaurante luso-italiano com risotos ótimos, sobremesas fartas e carta de vinhos decente. *Mapa H3 • Praia do Flamengo 150, Flamengo • (21) 2558 3937 • $$$*

2 Colonial

Este restaurante tem cardápio internacional com ênfase em frutos do mar e pratos italianos. A carta de vinhos e o atendimento são ótimos. *Mapa K6 • Hotel Glória, Rua do Russel 632, Glória • (21) 2555 7572 • $$$$*

3 Café Lamas

Este famoso restaurante serve filé com fritas à francesa, bacalhau, pudins e sucos desde 1874. *Mapa H3 • Rua Marquês de Abrantes 18, Flamengo • (21) 2556 0799 • $$*

4 Barracuda

Com tema náutico, este restaurante de frutos do mar também é especializado em deliciosos peixes fritos e grelhados. *Mapa K6 • Av Infante Dom Henrique, Marina da Glória, Glória • (21) 2265 4641 • $$$*

5 Porcão Rio's

Com filiais em outras cidades brasileiras, esta é uma das melhores churrascarias do Rio; portanto, venha de estômago vazio e sem amigos vegetarianos. *Mapa H3 • Av Infante Dom Henrique s/n, Flamengo • (21) 3389 8989 • $$$$*

6 Casa da Suíça

Há 50 anos este restaurante suíço serve fondues de queijo e carne para os cariocas. *Mapa W5 • Rua Cândido Mendes 157, Glória • (21) 2252 5182 • $$$$*

7 Bon Vivant

Ótimo bistrô e delicatéssen no chamado Baixo Botafogo, o Bon Vivant tem mesinhas na calçada, petiscos deliciosos e atendimento atencioso. A matriz é em Friburgo. *Mapa R1 • Rua Voluntários da Pátria 46, Botafogo • (21) 2537 2857 • Aberto ter-qui e dom 17h30-1h, sex-sáb 17h30-2h • $$*

8 Yorubá

Um dos melhores restaurantes baianos fora de Salvador, o Yorubá serve deliciosos frutos do mar. *Mapa Q1 • Rua Arnaldo Quintela 94, Botafogo • (21) 2541 9387 • $$$$*

9 Raajmahal

Restaurantes indianos são raros no Rio de Janeiro; portanto, não perca os bons pratos de curry daqui. *Mapa R1 • Rua General Polidoro 29, Botafogo • (21) 2542 6242 • $$$*

10 Miam Miam

Pratos leves e saborosos na linha mediterrânea e caipirinhas que causam sensação na cidade são servidos neste charmoso restaurante e minibar com tijolos à vista. *Mapa R1 • Rua General Goes Monteiro 34, Botafogo • (21) 2244 0125 • $$$$*

Orquídeas no Jardim Botânico; Parque Lage

Lagoa, Gávea e Jardim Botânico

ESTES BAIRROS PRÓSPEROS DE CLASSE MÉDIA ALTA *localizam-se em torno da lagoa Rodrigo de Freitas. Eles reúnem um bom número de bares e restaurantes, muito frequentados por artistas e famosos graças à proximidade dos estúdios da TV Globo, que fica no Jardim Botânico. A vida noturna é trepidante na Gávea, principalmente nos bares em torno da praça Santos Dumont, região conhecida como Baixo Gávea, onde o movimento de jovens nas calçadas é intenso todas as noites, sobretudo nos finais de semana. Há também diversos bares ao redor da lagoa. De dia, parques sombreados e jardins tropicais são uma alternativa ao calor nas praias.*

Pedalinhos no Parque do Cantagalo

TOP 10 Destaques

1. Jardim Botânico
2. Instituto Moreira Salles
3. Vida Noturna no Baixo Gávea
4. Parque da Catacumba
5. Largo do Boticário
6. Horto Florestal
7. Favela da Rocinha
8. Planetário
9. Parque Lage
10. Parque do Cantagalo

1 Jardim Botânico

Ocupando uma área de 140ha, este belo jardim botânico tem amplas avenidas ladeadas por palmeiras, caminhos sombreados e gramados pontuados por algumas fontes clássicas. Muitas árvores daqui – como o pau-brasil – hoje estão ameaçadas de extinção nas matas brasileiras. Seus galhos e frutos e as flores tropicais presentes no jardim atraem aves e animais que vêm da vizinha floresta da Tijuca. Reserve no mínimo três horas para a visita e venha no início da manhã ou após as 15h, quando as temperaturas costumam ser mais amenas *(págs. 18-9)*.

Escultura no Parque da Catacumba

2 Instituto Moreira Salles

Esta casa atraente, construída em 1951, pertenceu à família de um banqueiro carioca e hoje funciona como espaço de exposições, cinema e arquivo de arte e fotografia. O paisagismo dos jardins foi assinado por Roberto Burle Marx. Os murais coloridos no pátio interno são de autoria de Cândido Portinari *(pág. 16)*. Vale a pena experimentar as refeições do pequeno café, que se estende até a piscina. ⓢ
Mapa D6 • Rua Marquês de São Vicente 476, Gávea • (21) 3284 7400 • Aberto 13h-20h ter-dom • www.ims.uol.com.br

3 Vida Noturna no Baixo Gávea

Os bares descontraídos em torno da praça Santos Dumont no Baixo Gávea ficam lotados de cariocas descolados quase todos os dias, sobretudo nos fins de semana. Como a maioria dos turistas prefere ficar em Ipanema, Leblon, Copacabana e Lapa, caras novas aqui despertam curiosidade e não falta quem queira puxar conversa.
ⓢ *Mapa K4 • Praça Santos Dumont, Gávea*

4 Parque da Catacumba

Esculturas de artistas como Bruno Giorgi e Alfredo Ceschiatti (que fez muitas estátuas monumentais em Brasília) pontuam este parque em frente à Lagoa. Um caminho perto do portão leva a um mirante de 130m, de onde há belas vistas da floresta da Tijuca, de Ipanema e Leblon, com o mar ao fundo, e da Lagoa. ⓢ *Mapa N4 • Av Epitácio Pessoa • (21) 4105 0079 • Aberto 8h-18h diariam • www.parquedacatacumba.com.br*

Murais no Instituto Moreira Salles

Favelas

Muitos cariocas vivem nos morros, em casas improvisadas com pouca estrutura sanitária. A imensa maioria dos favelados é composta por trabalhadores, mas há também muitos jovens ligados ao tráfico de drogas. Essas comunidades têm um rico legado cultural associado ao samba, ao futebol e ao Carnaval. Se quiser visitar uma favela, opte por uma excursão guiada *(pág. 52)*.

5 Largo do Boticário

Esta praça encantadora homenageia Joaquim Luiz da Silva Souto, que era o farmacêutico, ou boticário, a serviço da família real e que viveu aqui a partir de 1831. A área, que conserva casas em estilo colonial erigidas da década de 1920 em diante, ruas de pedra e uma fonte, lembra uma rua típica do Rio de Janeiro do século 19. O largo fica a pouca distância da estação de trem do Corcovado, no bairro do Cosme Velho, e seu acesso pode ser através do túnel Rebouças. Aproveite para visitá-lo quando estiver a caminho da famosa estátua do Cristo Redentor *(pág. 8)*. *Mapa G3 • Rua Cosme Velho 822, Cosme Velho*

6 Horto Florestal

Ao lado do Jardim Botânico, este arboreto cultiva cerca de 500 tipos de árvores tropicais, muitas das quais espécies raras da mata atlântica. O local vende mudas de árvores a fim de estimular o reflorestamento. *Mapa L3 • Rua Pacheco Leão 2040, Jardim Botânico • (21) 3875 6211 • Aberto 9h-11h e 14h-16h seg-sex*

7 Favela da Rocinha

O nome da maior favela da América Latina tem origem na pequena roça que existia outrora nestes morros, hoje altamente urbanizados e com cerca de 150 mil habitantes. A comunidade daqui vive como uma cidade à parte, com seu próprio comércio, emissoras de TV e rádio, bares e restaurantes. *Mapa D6*

8 Planetário

Atração importante na Gávea, este complexo abrange um museu do universo e cúpulas ultramodernas que podem projetar milhares de estrelas em suas paredes. Há uma área com telescópios potentes na qual, três vezes por semana, o público pode observar a movimentação dos astros no espaço. *Mapa K4 • Rua Vice-Governa-*

Fachada do Planetário

Rocinha, a maior favela do Rio

dor Rubens Berardo 100, Gávea • (21) 2274 0046 • Aberto 10h-17h ter-sex (15h-17h dez-mar), 17h-19h sáb e dom; telescópios 18h30-20h30 ter-qui (7h30-21h30 dez-mar) • Entrada paga • www.rio.rj.gov.br/planetario

9 Parque Lage

Uma mansão imponente do início do século 20, que abriga a Escola de Artes Visuais, domina este parque. A casa e os jardins foram projetados pelo inglês John Tyndale para um rico industrial carioca. Hoje, o átrio da mansão tem um café requintado, que fica em torno de um lago com ninfeias. Trilhas partem do parque até o topo do Corcovado, mas é preciso andar com um guia. *Mapa M2 • Rua Jardim Botânico 414, Jardim Botânico • (21) 2527 2397 • Aberto 8h-17h diariam*

10 Parque do Cantagalo

Este parque circular serpenteia em torno da lagoa Rodrigo de Freitas. Tem pista de corrida junto às águas e cafés e bares onde os cariocas vêm para relaxar à sombra. Não deixe de fazer um passeio tranquilo na lagoa a bordo dos pedalinhos e caiaques que podem ser alugados a preços módicos no parque. *Mapa P4 • Parque do Cantagalo, Av Epitácio Pessoa s/n, Lagoa • (21) 2227 0837*

Um Dia nos Parques e Jardins do Rio

Manhã

Comece o dia fazendo uma caminhada pelo **Jardim Botânico** *(págs. 18-9)*. Faça um esforço para chegar por volta das 8h e leve binóculos para aproveitar ao máximo a chance de ver aves de plumagem bem colorida, a exemplo de sanhaços, catingás e numerosos beija-flores, assim como pequenos mamíferos como pacas e cutias. Há um quiosque na entrada que fornece mapas gratuitos dos jardins em vários idiomas, os quais mostram a localização de atrações importantes, incluindo estufas como o Orquidário. Por volta das 11h, quando o calor aumentar, pense na possibilidade de ir ao heliponto situado na lagoa Rodrigo de Freitas, perto, para contratar um voo de helicóptero sobre o **Corcovado** *(págs. 8-9)*. As vistas do **Cristo Redentor** são fantásticas.

Tarde

Pare para almoçar em um dos vários quiosques na margem leste da **lagoa Rodrigo de Freitas**, que fica bem próxima ao **Parque da Catacumba** *(pág. 73)*. Tome bastante água ou suco para se manter hidratado e atravesse a avenida Epitácio Pessoa para fazer uma caminhada de 40 minutos dentro do parque e depois apreciar as vistas descortinadas pelo Mirante do Sacopã, a 130m de altura. Caso não haja guardas por perto, fique atento ou ande com um grupo. Depois pegue um táxi e vá ao **Parque Lage** para conhecer seus jardins, a gruta e a Escola de Artes Visuais. Encerre a tarde com chá e biscoitos no café no átrio da mansão.

A Rio Hiking (www.riohiking.com) e a Rio Trilhas (www.riotrilhas.com) oferecem caminhadas do Parque Lage até o Corcovado (págs. 52-3).

Hipódromo; Bar Lagoa; Garota da Gávea

TOP 10 Bares Noturnos

1 Hipódromo
Conhecido ponto de encontro de jovens cariocas no Baixo Gávea, este é um lugar maravilhoso para conhecer gente. *Mapa K4 • Praça Santos Dumont 108 • (21) 2274 9720*

2 Garota da Gávea
Nos fins de semana legiões de cariocas se encontram neste bar animado, também no Baixo Gávea, para petiscos e drinques. *Mapa K4 • Praça Santos Dumont 148 • (21) 2274 2347*

3 Belmonte IV
Com várias filiais no Rio, o descontraído bar e restaurante Belmonte é um pilar da vida noturna da cidade e serve deliciosas empadinhas a qualquer hora. *Mapa N2 • Rua Jardim Botânico 617 • (21) 2239 1649*

4 Caroline Café
Este bar conhecido serve comida decente e, após as 23h, tem DJ ou música ao vivo. *Mapa M3 • Rua J. J. Seabra 10 • (21) 2540 0705*

5 Da Graça
Há deliciosos petiscos e caipirinhas de frutas neste boteco romântico em uma rua tranquila. *Mapa L3 • Rua Pacheco Leão 780 • (21) 2249 5484*

6 Bar Joia
Este barzinho despretensioso e informal numa esquina na área do Jardim Botânico atrai jovens e cariocas em geral nos fins de semana e à noite. *Mapa M3 • Rua Jardim Botânico 594 • (21) 2539 5613*

7 Jota Bar
Muito apreciado, este bar oferece petiscos caprichados que estão entre os melhores da cidade e cujo tamanho e preço equivalem aos de um prato principal. *Mapa M2 • Rua Jardim Botânico 595 • (21) 3874 6835*

8 Saturnino
Este bar sofisticado tem áreas internas e externas e trilha sonora variada. A caipirinha daqui é decente, mas há também outros drinques. *Mapa M3 • Rua Saturnino de Brito 50 • (21) 3874 0064*

9 Bar Lagoa
Petiscos (o salsichão com salada de batatas é um destaque), refeições leves e chope figuram no menu do Bar Lagoa, um dos bares mais antigos da área. *Mapa P5 • Av Epitácio Pessoa 1674 • (21) 2523 1135*

10 Palaphita Kitsch
Mesas e cadeiras de madeira rústicas ficam sob toldos à moda beduína neste bar querido dos cariocas que preferem caipirinhas fortes. *Mapa P5 • Av Epitácio Pessoa, quiosque 20 • (21) 2227 0837*

Braseiro da Gávea

Categorias de Preço

Refeição para uma pessoa com três pratos, meia garrafa de vinho (ou prato equivalente), impostos e serviço.		
	$	até R$30
	$$	R$30-R$50
	$$$	R$50-R$70
	$$$$	R$70-R$100
	$$$$$	mais de R$100

TOP 10 Restaurantes

1 Guimas
Celebridades cariocas almoçam neste restaurante rústico e intimista que serve porções fartas de pratos portugueses tradicionais. ⊗ *Mapa K4 • Rua José Roberto Macedo Soares 5 • (21) 2259 7996 • $$*

2 66 Bistrô
Aberto pelo chef Claude Troisgros, do Olympe *(pág. 44)*, este bistrô francês tem um bufê acessível no almoço e pratos franceses clássicos. ⊗ *Mapa N2 • Av Alexandre Ferreira 66 • (21) 2266 0838 • $$$*

3 Café do Lage
Doces, tortas e almoços leves em um belo cenário ao ar livre no Parque Lage. ⊗ *Mapa F5 • Rua Jardim Botânico 414 • (21) 2226 8125 • Não aceita cartão de crédito • $$*

4 Árabe da Gávea
Um dos melhores árabes do Rio, fica lotado à noite. ⊗ *Mapa K4 • Rua Marquês de São Vicente 52, Shopping da Gávea • (21) 2294 2439 • $$*

5 Les Artistes
Este restaurante e bar francês é frequentado por jovens e se torna um clube nas noites de sexta-feira e após as 22h nos fins de semana. ⊗ *Mapa K4 • Rua Marquês de São Vicente 75 • (21) 2239 4242 • $$$*

6 Quadrifoglio
Este italiano chique se espalha por vários ambientes, cada qual com uma atmosfera distinta. ⊗ *Mapa M3 • Rua J. J. Seabra 19 • (21) 2294 1433 • $$*

7 Bistrô Itália
Bistrô sofisticado que serve pratos finos, como bacalhau com alcaparras e risoto de trufas, para uma clientela abastada. ⊗ *Mapa N2 • Rua Frei Leandro 20, Jardim Botânico • (21) 2266 7591 • $$$$*

8 Bacalhau do Rei
Este estabelecimento de gestão familiar é frequentado pela colônia portuguesa do Rio e fica mais lotado aos domingos. ⊗ *Mapa K4 • Rua Marquês de São Vicente 11A • (21) 2239 8945 • $$$*

9 Braseiro da Gávea
Servindo variações da típica refeição brasileira de carne, peixe ou frango com arroz e feijão ou fritas e farofa, este restaurante do Baixo Gávea é um animado ponto de encontro, especialmente nos fins de semana. ⊗ *Mapa K4 • Praça Santos Dumont 116 • (21) 2239 7494 • $$*

10 Mr Lam
Com uma vista parcial do Corcovado *(págs. 8-9)*, este chinês amplo e envidraçado é reduto de cariocas da classe mais abastada. ⊗ *Mapa N2 • Rua Maria Angélica 21 • (21) 2286 6661 • $$$$*

GARRINCHA

Largo das Neves; Detalhe da Escadaria Selarón

Santa Teresa e Lapa

ARQUITETURA CHARMOSA, RUAS DE PEDRA *e senso comunitário dão identidade própria a Santa Teresa, que fica no topo de um morro voltado para o centro do Rio de Janeiro. Esse caráter singular e as vistas formidáveis da baía de Guanabara e do centro explicam a popularidade desta área junto a turistas e cariocas. Um bonde e uma série de degraus com mosaicos coloridos ligam Santa Teresa à vizinha Lapa, que ocupa a base do morro. Não muito tempo atrás, a Lapa era uma área decadente cujos edifícios coloniais arruinados haviam virado cortiços. Um renascimento no final da década de 1990, impulsionado pela reabertura da tenda de shows do Circo Voador, transformou este bairro no ponto noturno mais animado da cidade. Não há lugar melhor para ouvir música brasileira ao vivo do que os numerosos botecos daqui ou sob os Arcos da Lapa nas noites de sexta e sábado.*

Bonde em Santa Teresa

TOP 10 Destaques

1. Passeios de Bonde
2. Largo das Neves
3. Largo dos Guimarães
4. Chácara do Céu
5. Museu Casa de Benjamin Constant
6. Convento de Santa Teresa
7. Arcos da Lapa
8. Escadaria Selarón
9. Circo Voador
10. Feira Rio Antigo

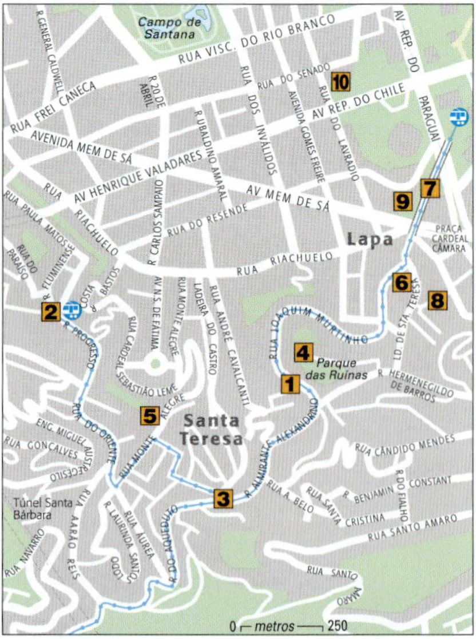

Nas páginas anteriores, **Escadaria Selarón**

Fachada da Chácara do Céu

1 Passeios de Bonde

Bondes são o melhor meio para ir do centro para o bairro de Santa Teresa. Eles partem de uma estação perto da Catedral Metropolitana de São Sebastião *(pág. 60)*, cruzam os Arcos da Lapa e sobem lentamente as ruas íngremes de Santa Teresa. O percurso dura cerca de 20 minutos, e esses bondes muito antigos ficam lotados de figuras pitorescas de todas as idades e procedências, muitas das quais se seguram precariamente nas barras dispostas nas laterais do veículo. *Mapa V5 • Terminal de bondes: rua Lélio Gama • (21) 2240 5709 • Bondes 6h-22h diariam • Entrada paga*

2 Largo das Neves

O menor dos dois largos de Santa Teresa é um lugar extremamente agradável para se sentar e ver a vida passar. O largo das Neves tem alguns botecos e restaurantes que servem cerveja gelada, pizza e frutos do mar. É também ponto de chegada do desfile carnavalesco de Santa Teresa *(pág. 40)*. *Mapa T5*

3 Largo dos Guimarães

Muitos dos melhores restaurantes do bairro ficam em volta deste largo, como o Espírito Santa *(págs. 45 e 84)* e o Bar do Mineiro *(pág. 85)*. A área também tem lojas de artesanato, e por perto, na rua do Aqueduto, há uma espécie de cabine amarela onde os minibondes vistos em muitos restaurantes de Santa Teresa são feitos pelo artesão Getúlio *(pág. 55)*. *Mapa V6*

4 Chácara do Céu

A mansão da Chácara do Céu, que tem vistas fantásticas do centro da cidade, abriga um refinado museu de arte europeia e asiática, assim como de obras brasileiras modernas. Nas proximidades fica o Parque das Ruínas – o arcabouço de outra mansão colonial. *Mapa V5 • Rua Murtinho Nobre 96, Santa Teresa • (21) 3970 1126 • Aberto 12h-17h qua-seg • Entrada paga • www.museuscastromaya.com.br*

Largo dos Guimarães

Ronald Biggs

Este inglês era do famoso bando que assaltou o trem pagador de Glasgow, na Escócia, em 1963. Após fugir da prisão, foi para o Rio, onde morou anos em Santa Teresa – não podia ser extraditado, pois teve filho com uma brasileira. Já idoso e com a saúde debilitada, em 2001 voltou voluntariamente ao Reino Unido, mas foi liberado em 2009 por bom comportamento.

5 Museu Casa de Benjamin Constant

Esta é a antiga residência de Benjamin Constant, o militar e político positivista que liderou o movimento republicano brasileiro e formulou ideias políticas importantes, incluindo o lema nacional Ordem e Progresso. O museu contém objetos, obras de arte e mobiliário de época, e de seu jardim há vistas formidáveis. *Mapa U5 • Rua Monte Alegre 255, Santa Teresa • (21) 2509 1248 • Aberto 13h-17h qui-dom • Entrada paga*

Museu Casa de Benjamin Constant

6 Convento de Santa Teresa

O bairro de Santa Teresa deve seu nome a este austero convento construído no século 18 em honra de santa Teresa, fundadora da ordem católica das Carmelitas Descalças e discípula e amiga de são João da Cruz. Embora a maior parte do convento esteja fechada à visitação, o público pode ver um pequeno museu e tem acesso ao local onde a famosa madre Jacinta nasceu e ao jardim onde ela brincava na infância. *Mapa W5 • Ladeira de Santa Teresa 52, Santa Teresa • (21) 2224 2040 • Aberto 7h-17h ter-sex*

7 Arcos da Lapa

A Lapa é dominada por este aqueduto que passa acima da avenida Mem de Sá e foi construído em 1724 para canalizar água da floresta de Santa Teresa até o chafariz público perto do largo da Carioca. Hoje, bondes vão e voltam de Santa Teresa atravessando os arcos. Uma infinidade de bares, casas noturnas e centros de artes anima a região. *Mapa W4*

8 Escadaria Selarón

Os degraus desta ladeira ligam a praça Cardeal Câmara, na Lapa, com a rua Hermenegildo de Barros, em Santa Teresa. Seu nome

Arcos da Lapa

Escadaria Selarón

oficial é ladeira de Santa Teresa, mas os cariocas a chamam de Escadaria Selarón – em homenagem ao artista chileno que a decorou com mosaicos coloridos e espelhados. Vale a pena subir a ladeira durante o dia, mas à noite é melhor apreciá-la somente pela parte de baixo. *Mapa W5 • Praça Cardeal Câmara, Lapa*

9 Circo Voador

Esta arena informal é palco de diversos tipos de show nacionais e internacionais. O Circo Voador ajudou a revitalizar a noite da Lapa atraindo um público jovem e ávido por coisas novas, o que levou à abertura de clubes musicais no local. Muitos artistas excelentes do Rio, incluindo Seu Jorge, começaram aqui. É um ótimo lugar para ver tanto talentos emergentes quanto consagrados. *Mapa W4 • Rua dos Arcos s/n, Lapa • (21) 2533 0354 • www.circovoador.com.br*

10 Feira Rio Antigo

No primeiro sábado de cada mês há uma animada feira de antiguidades e bugigangas na rua do Lavradio, a nordeste dos Arcos da Lapa. As ruas ficam repletas de móveis e aparelhos domésticos antigos, e as pessoas dançam samba e até tango – o que é uma raridade no Rio – tocados por grupos ao vivo. *Mapa V4*

Duas Noites Musicais na Lapa

Sexta-Feira

Não há lugar melhor para conhecer a incrível diversidade da música brasileira do que na Lapa na sexta-feira à noite. Comece por volta das 20h tomando uma cerveja estupidamente gelada no boteco **Mala e Cuia** *(pág. 62)*, na avenida Presidente Wilson na Cinelândia, onde fica a estação de metrô mais próxima da Lapa. Você pode escutar o choro, um gênero musical que era muito popular no Rio antes do samba, no **Carioca da Gema** *(pág. 84)*, na avenida Mem de Sá. Este clube tem um restaurante que serve ótimas pizzas. Por volta das 22h, saia do **Carioca da Gema** e vá a alguma gafieira ou casa de samba, onde haja uma banda grande e um crooner. Um bom lugar de gafieira fica a 100m de distância no **Clube dos Democráticos** *(pág. 84)*. Com certeza, você será convidado a dançar. Depois, ouça samba ao vivo na vizinha **Casa da Mãe Joana** ou no **Rio Scenarium** *(pág. 84)* – a primeira é pequena e intimista, ao passo que a segunda é maior e tem atmosfera boêmia. Ambas tocam sambas famosos.

Sábado

Caso a sexta-feira não tenha esgotado suas energias, vá no sábado à noite ao **Circo Voador** para ouvir o irresistível funk carioca ou dance no largo da Lapa ao som de forró nordestino tocado na sanfona, triângulo e zabumba. Ainda há outras opções, a exemplo de bossa nova eletrônica em um lugar como o **Espírito Santa** *(pág. 84)* ou algo da lista infindável de estilos musicais brasileiros *(págs. 38-9)*.

Carioca da Gema; Clube dos Democráticos

TOP 10 Bares e Casas Noturnas

1 Carioca da Gema
Este é um dos melhores bares de samba e choro do Rio. No andar de cima há uma pizzaria, onde artistas se apresentam ao vivo até de madrugada. *Mapa W4 • Av Mem de Sá 79, Lapa • (21) 2221 0043*

2 Rio Scenarium
Uma das maiores do gênero no Rio, esta casa de samba tem grupos ao vivo no piso térreo e bares e pista de dança nos níveis superiores. *Mapa V3 • Rua do Lavradio 20, Lapa • (21) 3147 9000*

3 Sacrilégio
Há artistas excelentes nesta casa de samba, que fica em uma casa do século 18 toda decorada em verde e branco. *Mapa V4 • Av Mem de Sá 81, Lapa • (21) 3970 1461*

4 Casa da Mãe Joana
Uma das casas mais tradicionais da Lapa, é famosa por seus grupos de samba. *Mapa V4 • Av Gomes Freire 547, Lapa • (21) 2224 4071*

5 Espírito Santa
Em cima há um restaurante decorado com peças religiosas kitsch e um terraço com lindas vistas da cidade. O clube no piso térreo tem trilha de funk e groove brasileiro às sextas. *Mapa V6 • Rua Almirante Alexandrino 264, Santa Teresa • (21) 2508 7095*

6 Armazém 161
Este popular clube fica na mesma rua do Rio Scenarium e também é um antiquário que vende lustres, abajures e móveis antigos. *Mapa V3 • Rua do Lavradio 161, Lapa • (21) 2509 6879*

7 Teatro Odisseia
Bandas de reggae e funk tocam neste clube abafado onde os frequentadores ficam de pé. O palco enorme domina a atenção geral. *Mapa W4 • Av Mem de Sá 66, Lapa • (21) 2226 9691*

8 Dama da Noite
Há três áreas distintas nesta casa de samba e choro, e o bar serve petiscos, cerveja alemã e caipirinhas. *Mapa V5 • Rua Gomes Freire 773, Lapa • (21) 2509 4237*

9 Clube dos Democráticos
Esta agremiação carnavalesca do século 19 tem um palco com capacidade para grupos de samba de até 20 integrantes e promove noitadas de samba e gafieira nos fins de semana. *Mapa V5 • Rua Riachuelo 91, Lapa • (21) 2252 4611*

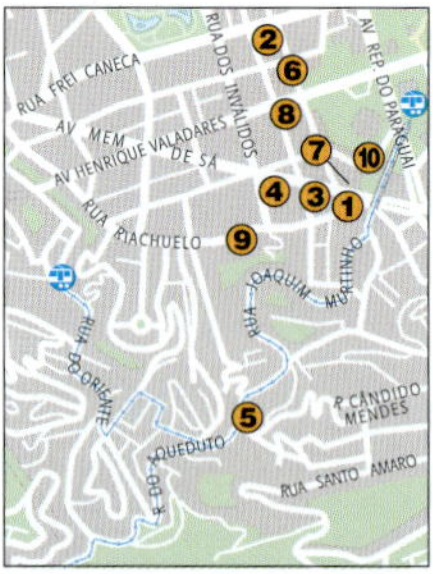

10 Circo Voador
O melhor da cena funk emergente do Rio e astros de renome tocam no querido circo da Lapa. Muitos cantores conhecidos foram lançados aqui *(pág. 83)*.

Sobrenatural; Entrada do Bar do Arnaudo

Categorias de Preço

Refeição para uma pessoa com três pratos, meia garrafa de vinho (ou prato equivalente), impostos e serviço.

$	até R$30
$$	R$30-R$50
$$$	R$50-R$70
$$$$	R$70-R$100
$$$$$	mais de R$100

TOP 10 Restaurantes

1 Bar do Mineiro

Este bar de decoração pitoresca tem bolinhos de bacalhau, feijoada e caipirinhas inesquecíveis. *Mapa V6 • Rua Paschoal Carlos Magno 99 • (21) 2221 9227 • $*

2 Sobrenatural

O restaurante mais popular de Santa Teresa serve excelentes frutos do mar. Às sextas-feiras há samba e choro ao vivo. *Mapa V6 • Av Almirante Alexandrino 432, Santa Teresa • (21) 2224 1003 • $$$*

3 Aprazível

Com vista para a baía de Guanabara, este restaurante ao ar livre é especializado em frutos do mar e cozinha brasileira tradicional, a exemplo de galinhada caipira. *Mapa U6 • Rua Aprazível 62, Santa Teresa • (21) 2508 9174 • $$$$*

4 Adega do Pimenta

Aberta pelo alemão Holf Pfeffer, esta adega tem pratos criativos como coelho assado com couve-flor ao curry. *Mapa V6 • Rua Almirante Alexandrino 296, Santa Teresa • (21) 2224 7554 • $$$*

5 Bar do Arnaudo

Este boteco serve petiscos e delícias nordestinas como moquecas baianas e carne de sol. *Mapa U6 • Rua Almirante Alexandrino 316, Santa Teresa • (21) 2210 0817 • $$*

6 Alda Maria

Esta confeitaria portuguesa oferece bolos, tortas salgadas e os célebres pastéis de nata, além de ter um bom café e uma atmosfera aconchegante. *Mapa U6 • Rua Almirante Alexandrino, Santa Teresa • (21) 2232 1320 • $*

7 Mike's Haus

Bar e restaurante alemão que serve petiscos deliciosos e diversos tipos de salsicha, como Kalbsbratwurst e Nürnberger. *Mapa V6 • Rua Almirante Alexandrino 1458A, Santa Teresa • (21) 2509 5248 • $$$*

8 Sansushi

Este tradicional restaurante japonês do Rio está sempre mudando a decoração e tem um ótimo sistema de rodízio. *Mapa V6 • Rua Almirante Alexandrino 382, Santa Teresa • (21) 2252 0581 • $$$*

9 Porta Kent Pizzeria

Esta pizzaria intimista segue a cartilha de São Paulo adotando os fornos à lenha. *Mapa V6 • Largo dos Guimarães s/n, Santa Teresa • (21) 2509 5152 • $$$*

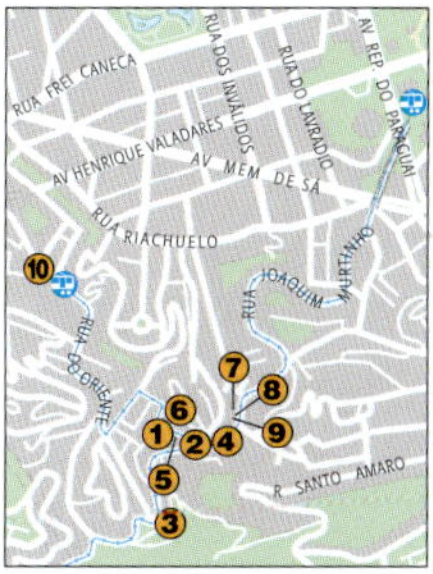

10 Goya Beira

Boteco pequeno e animado que tem um bar envidraçado. Cariocas vêm aqui no happy hour em busca de petiscos e de chope gelado. *Mapa U5 • Largo das Neves 13, Santa Teresa • (21) 2232 5751 • $$*

Casa de sucos em Copacabana; Pinturas no Vinícius Bar

Copacabana, Ipanema e Leblon

EMBORA A MAIOR PARTE DA CIDADE DO RIO DE JANEIRO *fique afastada da costa, sua ligação com o litoral é forte devido às estupendas praias, a exemplo de Copacabana e Ipanema, cujas amplas faixas de areia se voltam para o mar aberto do oceano Atlântico. Cada uma dessas praias dá nome a um bairro. O pedaço norte da praia de Copacabana é a praia e o bairro do Leme, seguido por Copacabana, Ipanema e Leblon, estes dois últimos bairros dividindo a mesma faixa de areia, que vai da pedra do Arpoador (situada entre as praias de Copacabana e Ipanema) até a ponta do Leblon. Toda essa região – para muitos, a mais charmosa da cidade – é frequentada por cariocas e visitantes na mesma intensidade.*

Turistas na praia de Copacabana

TOP 10 Destaques

1. Praia de Copacabana
2. Praias de Ipanema e do Leblon
3. Ruas Badaladas de Ipanema
4. Morro Dois Irmãos
5. Bares Garota de Ipanema e Vinícius Bar
6. Casas de Suco
7. Rua Dias Ferreira
8. Casa de Cultura Laura Alvim
9. Morro do Leme
10. Museu H. Stern

1 Praia de Copacabana

O trecho de praia mais famoso do Rio é uma vasta faixa de areia de textura fina que se estende por 6,4km ao longo do oceano Atlântico. Junto a ela há uma avenida de quatro pistas repleta de hotéis imponentes e edifícios residenciais Art Déco, dos quais o mais conhecido é o hotel Copacabana Palace *(pág. 112)*. Os mosaicos nas calçadas da praia e da avenida exibem um desenho estilizado das ondas do mar, e em toda a extensão há cafés e casas de sucos *(págs. 24-5)*.

2 Praias de Ipanema e do Leblon

A juventude bonita e bronzeada, fashionistas, gays e lésbicas, cariocas e turistas circulam e relaxam ao sol nas praias de Ipanema e do Leblon. Passar uma tarde aqui é uma experiência obrigatória para quem visita a cidade. Leve o mínimo possível, pois é fácil alugar barracas e cadeiras, comer e beber em suas areias. Caso pretenda nadar, fique atento à bandeira de salva-vidas. O vermelho indica mar perigoso *(págs. 26-7)*.

3 Ruas Badaladas de Ipanema

A Visconde de Pirajá é a grande rua de comércio do bairro. Outras ruas, como Maria Quitéria, Garcia D´Ávila, Barão da Torre e Vinicius de Moraes, também oferecem opções de compras e restaurantes. Marcas brasileiras de alto padrão, a exemplo de Lenny, Andrea Saletto e Antonio Bernardo, dividem espaço em Ipanema com grifes internacionais. Embora seja possível achar peças a preços acessíveis em algumas lojas como a Toulon *(pág. 90)*, em geral tudo custa bem mais caro nesta área.
Mapa M5 • Ipanema

Toulon, em Ipanema

4 Morro Dois Irmãos

Com dois picos gêmeos pairando sobre o Leblon, o morro Dois Irmãos fica ainda mais belo ao entardecer, quando o céu se tinge de rosa e as ondas do mar ganham tom verde-garrafa. Um mirante numa brecha no morro propicia lindas vistas do Leblon e de Ipanema. O acesso é pelo final da avenida Visconde de Albuquerque, quase chegando à praia. *Mapa K6 • Leblon*

A bandeira do Orgulho Gay na praia de Ipanema

Morro do Leme

5 Bares Garota de Ipanema e Vinícius Bar

No início da década de 1960, o poeta e diplomata Vinicius de Moraes e o compositor Antônio Carlos Jobim se encontravam em um bar na esquina da rua Montenegro (hoje Vinicius de Moraes) com a Prudente de Morais, o atual bar Garota de Ipanema. Na esquina do outro lado da rua fica o Vinícius Bar, que oferece também shows de bossa nova. *Mapa N5*

• Garota de Ipanema: rua Vinicius de Moraes 49, Ipanema, (21) 2523 3787 • Vinícius Bar: rua Vinicius de Moraes, 39, (21) 2523 4757

6 Casas de Sucos

As ruas perto das praias em Copacabana, Ipanema e Leblon têm muitas casas que servem sucos feitos na hora com frutas frescas *(pág. 37)* ou polpa congelada. Muitos cariocas têm o hábito de começar o dia tomando um copo de suco com pouco ou nenhum açúcar e comendo um salgado. Siga o exemplo.

Bossa Nova

Bossa nova é um samba mais sofisticado, com influência jazzística e vocal minimalista *(págs. 38-9)*. Nascida no final dos anos 1950, a bossa nova ganhou fama internacional com o filme *Orfeu Negro*, dirigido por Marcel Camus em 1959, com música de Vinicius de Moraes e Tom Jobim. Para ouvir, vá à Toca do Vinícius *(pág. 55)* nas tardes de domingo.

7 Rua Dias Ferreira

Alguns dos melhores restaurantes e bares da cidade estão instalados nesta rua sofisticada no final do Leblon. Vale a pena dar uma circulada à noite por aqui antes de resolver onde jantar. Redes de restaurantes como o Carlota *(pág. 44)* foram fundadas em São Paulo. Outras, incluindo o Zuka *(pág. 44)* e o Sushi Leblon *(pág. 91)*, foram montadas por chefs afamados que já trabalharam em Nova York ou Londres. Entre as numerosas opções disponíveis estão cozinha francesa, brasileira moderna, japonesa, churrascaria *(pág. 110)* e fusion asiática-sul-americana. Os clientes se vestem de modo informal. *Mapa K5*

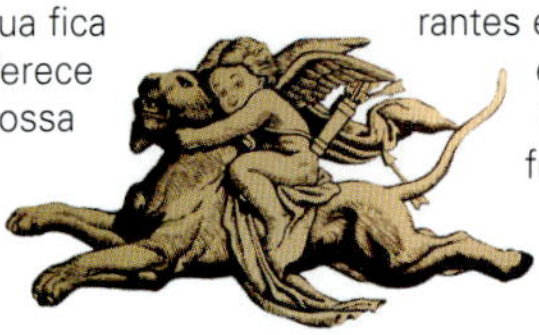

Peça exposta na Casa de Cultura Laura Alvim

8 Casa de Cultura Laura Alvim

A mecenas das artes Laura Agostini Alvim fundou esta casa de cultura em sua antiga residência em

A Lagoa e o Jardim Botânico ficam a apenas 10 minutos de ônibus ou táxi de Ipanema e Copacabana.

Ipanema. Além de exibir obras de arte de amigos e admiradores de Laura, incluindo Angelo de Aquino, Paulo Roberto Leal, Roberto Moriconi e Rubens Gerchman, o local abriga exposições temporárias, pequenos concertos musicais e lançamentos. Aqui também há um cinema de arte e um teatro.

Mapa P6 • Av Vieira Souto 176, Ipanema • (21) 2332 2016 • Aberto 15h-21h ter-dom

9 Morro do Leme

Este morro se ergue acima de Copacabana a partir da ponta da praia do Leme. É um lugar excelente para visitar numa tarde de domingo, quando grupos de samba tocam perto dos quiosques que vendem frutos do mar. Caminhos e uma trilha de escalada serpenteiam ao redor do morro, mas é mais seguro percorrê-los com um guia *(pág. 25)*.

10 Museu H. Stern

As oficinas da maior rede de joalherias do Brasil recebem grupos de visitantes, que podem ver o processamento das pedras preciosas. Os guias conhecem bem o assunto e dão explicações. As visitas terminam na loja do museu, onde há vitrines iluminadas mostrando peças da coleção mais recente de joias da H. Stern.

Mapa M5 • Rua Visconde de Pirajá 490, Ipanema • (21) 2274 3447

Joias no Museu H. Stern

Um Dia na Praia

Manhã

Antes de ir à praia, ponha em uma sacola ou mochila apenas os itens indispensáveis, como protetor solar (fator 30) e um livro, além de uma quantia moderada de dinheiro. Os frequentadores da praia costumam ser despojados: as mulheres usam biquíni e canga, enquanto os homens vestem um bermudão sobre a sunga e uma camiseta folgada. Não se esqueça dos óculos escuros e das havaianas. Todas essas peças são vendidas em lojas de Ipanema e Copacabana. Encerrados esses preparativos, vá a alguma casa de sucos em Ipanema ou Copacabana e peça uma água de coco ou um açaí *(pág. 37)*. Chegue à praia antes das 9h30 para tomar sol. Tendo calor, caia na água, que é bem gelada. Áreas com correnteza forte são sinalizadas.

Tarde

Os trajes praianos são aceitáveis em todo lugar, menos em restaurantes mais formais. Almoce sem pressa, tome um café e dê uma olhada nas lojas ao longo da **rua Garcia d'Ávila**. A partir das 15h30 as pessoas começam a surfar, andar de bicicleta e a jogar vôlei ou futebol de areia. Jogue uma partida com o pessoal ou caminhe na areia. Passeios românticos no calçadão são deliciosos à tarde, e outra opção é receber uma massagem na praia quando o ar já está mais fresco. Após o pôr do sol, vá a um boteco como o **Garota de Ipanema** para tomar um chope gelado. Volte ao hotel, troque de roupa e vá a algum restaurante na **rua Dias Ferreira**, no Leblon.

A animada Feira Hippie; Roupas na Toulon

TOP 10 Compras

1 Feira Hippie

Sempre animada, a feira de domingo na praça General Osório tem barracas com artesanato, roupas e enfeites para casa. *Mapa P5 • Pça General Osório • Aberta 7h-19h*

2 Shopping Rio Design

Na principal rua de comércio do Leblon, este shopping tem diversas lojas, um cinema pequeno e, eventualmente, shows. *Mapa L5 • Av Ataulfo de Paiva 270, Leblon • (21) 3206 9100*

3 Raiz Forte Produtos da Terra

Ervas medicinais e produtos naturais, como guaraná em pó e polpa de açaí *(pág. 37)*, estão à venda nesta loja. *Mapa L5 • Av Ataulfo de Paiva 1160, Leblon • (21) 2259 0744*

4 Toca do Vinicius

Choro, samba e bossa nova ocupam as prateleiras desta loja. Você pode ouvir os CDs para decidir o que comprar. *Mapa N5 • Rua Vinicius de Moraes 129, Ipanema • (21) 2247 5227 • www.tocadovinicius.com.br*

5 Toulon

Vá à Toulon e compre belos jeans, jaquetas, camisas e bermudas. *Mapa M5 • Rua Visconde de Pirajá 540, Ipanema • (21) 2239 2195*

6 Andrea Saletto

Esta prestigiosa marca de moda feminina se notabiliza pelos tecidos de alta qualidade. *Mapa M5 • Rua Nascimento Silva 244, Ipanema • (21) 3225 4235*

7 Carlos Tufvesson

Famoso por criar roupas extremamente femininas e elegantes para a classe A, este estilista é especializado em alta-costura. *Mapa M5 • Rua Nascimento Silva 304, Ipanema • (21) 2523 9200*

8 Gilson Martins

Esta conhecida loja em Ipanema vende bolsas bem modernas e originais feitas de couro, plástico e vinil, cujos formatos são a cara do Rio – por exemplo, uma bola de futebol ou o Pão de Açúcar. *Mapa N5 • Rua Visconde de Pirajá 462B, Ipanema • (21) 2227 6178*

9 Victor Hugo

Uma espécie de Louis Vuitton do Brasil, atrai a sociedade do Rio com sua coleção de carteiras, bolsas de mão e com alça e malas estampando seu monograma. *Mapa N5 • Rua Visconde de Pirajá 507, Ipanema • (21) 2259 9699*

10 Maria Bonita

Conhecida por suas blusas sensuais e os famosos vestidos de jérsei com drapeados e cintura alta com elástico, a Maria Bonita tem renome até no exterior. *Mapa N5 • Rua Visconde de Pirajá 351, Ipanema • (21) 2247 4497*

Alessandro e Frederico

Categorias de Preço

Refeição para uma pessoa com três pratos, meia garrafa de vinho (ou prato equivalente), impostos e serviço.

$	até R$30
$$	R$30-R$50
$$$	R$50-R$70
$$$$	R$70-R$100
$$$$$	mais de R$100

TOP 10 Restaurantes

1 Forneria São Sebastião

Este restaurante italiano é especializado em pizzas e hambúrgueres refinados. Uma ótima opção para almoço. *Mapa M5 • Rua Aníbal de Mendonça 112, Ipanema • (21) 2540 8045 • $$$*

2 Sushi Leblon

O restaurante japonês mais aclamado do Rio foi responsável pela introdução da cozinha fusion nipo-ocidental na cidade. *Mapa K5 • Rua Dias Ferreira 256, Leblon • (21) 2274 1342 • $$$$*

3 Alessandro e Frederico

Favorito das socialites de Ipanema, este restaurante serve um saboroso salmão ao molho agridoce e prepara um café excelente. *Mapa M5 • Rua Garcia d'Ávila 134D, Ipanema • (21) 2521 0828 • $$$*

4 Zazá Bistrô Tropical

A um quarteirão da praia, este bistrô de cores vivas serve comida mediterrânea e oriental, incluindo rolinhos vietnamitas. *Mapa N6 • Rua Joana Angélica 40, Ipanema • (21) 2247 9101 • $$$*

5 Celeiro

O Celeiro serve ampla variedade de saladas orgânicas e refeições leves, assim como sucos e bolos. *Mapa K5 • Rua Dias Ferreira 199, Leblon • (21) 2274 7843 • $$$*

6 Fellini

Um dos melhores restaurantes de bufê no Leblon, o Fellini serve pratos à base de carne, aves e peixes, saladas fartas e excelentes opções vegetarianas. *Mapa L5 • Rua General Urquiza 104, Leblon • (21) 2511 3600 • $$*

7 Casa da Feijoada

Reserve sábado ou domingo para saborear uma deliciosa feijoada tradicional nesta casa especializada – e depois tire um cochilo. *Mapa P6 • Rua Prudente de Morais 10, Ipanema • (21) 2247 2776 • $$$*

8 New Natural

Este vegetariano oferece saladas, sopas e pratos com carne de soja, além de produtos integrais. *Mapa N5 • Rua Barão da Torre 173, Ipanema • (21) 2287 0301 • $$*

9 Le Pré Catalan

Aqui a pedida é a saborosa cuisine franco-brasileira. O menu fixo tem ótima relação custo-benefício. *Mapa Q5 • Av Atlântica 4240, Copacabana • (21) 2525 1232 • $$$$$*

10 Cipriani

O restaurante de haute cuisine do Copacabana Palace *(pág. 112)* é ligado ao Cipriani de Nova York e Veneza e oferece excelentes pratos do Norte da Itália. *Mapa R3 • Av Atlântica 1702, Copacabana • (21) 2545 8747 • $$$$$*

Veja outros restaurantes nesta área nas **págs. 44-5**

A praia em Cabo Frio

Estado do Rio de Janeiro

O ESTADO DO RIO DE JANEIRO *é uma das regiões mais belas do Brasil. Seu litoral, pontuado por magníficas praias, abriga balneários e lindas cidades pesqueiras coloniais. Já o interior, montanhoso, é sede dos antigos retiros de veraneio da família real portuguesa no Brasil, que penou para se adaptar ao calor da cidade do Rio. Muitas das encostas mais elevadas ainda são cobertas pela Mata Atlântica, onde está preservado o ecossistema mais diversificado do país. Partes da floresta são protegidas por vários parques nacionais e estaduais, incluindo os de Itatiaia e da serra dos Órgãos, nos quais é possível ver muitas aves e animais silvestres.*

Serra dos Órgãos

TOP 10 Destaques

1. Mata Atlântica
2. Búzios
3. Serra dos Órgãos
4. Petrópolis
5. Teresópolis
6. Parque Nacional do Itatiaia
7. Região dos Lagos
8. Cabo Frio
9. Paraty
10. Ilha Grande

Nas páginas anteriores, **o luxo de um desfile de Carnaval**

1 Mata Atlântica

A floresta tropical na costa do Atlântico –cuja maior parte fica nos estados do Rio de Janeiro, de São Paulo e do Paraná– abriga cerca de 20 mil espécies de plantas, 950 espécies de aves e mais de 20 mamíferos endêmicos sob risco de extinção, incluindo onças--pintadas e onças-pardas. A Mata Atlântica também apresenta uma variedade formidável de orquídeas e animais silvestres. O ecoturismo passou a ter papel cada vez mais importante na conservação da floresta. *Mapa B2*

2 Búzios

Quando a atriz Brigitte Bardot passou sua primeira temporada aqui, Búzios não passava de um calmo povoado pesqueiro situado em uma península coberta por vegetação retorcida pelo vento, com praias intocadas. Embora ainda seja tranquila em comparação com balneários no Mediterrâneo ou no México, hoje há hotéis diante de todas as praias, e a aldeia pesqueira virou uma cidadezinha cujas ruas de pedra são ladeadas por butiques chiques e restaurantes sofisticados. *Mapa C2 • www.buziosonline.com.br*

Estátua de Brigitte Bardot em Búzios

3 Serra dos Órgãos

Esta cadeia de montanhas a nordeste da cidade do Rio tem seu nome tirado de uma série de montes rochosos bizarros que parecem tubos de órgão. A serra é ótima para escaladas, caminhadas e observação de aves. *Mapa B2 • www.riohiking.com.br*

4 Petrópolis

Retiro de veraneio do imperador dom Pedro 2º, Petrópolis foi fundada na serra dos Órgãos em 1843, sendo à época ligada à cidade do Rio por meio de trem. Boa parte dela foi projetada pelo arquiteto alemão Julius Friedrich Köler e ocupada por cariocas abastados. Há muitas mansões e palacetes, incluindo o Museu Imperial, antiga residência da família real. *Mapa B2 • Museu Imperial: rua da Imperatriz 220, Petrópolis; (24) 2245 5550 • Aberto 11h-17h30 ter-dom*

Museu Imperial, Petrópolis

Biodiversidade

O interior árido da América do Sul isola a Mata Atlântica – a floresta tropical costeira atlântica – de outros blocos congêneres no continente. Por isso, aqui há uma diversidade singular de espécies de plantas e animais, muitos dos quais não encontrados em outros lugares. Hoje, há menos de 8% da floresta original, e o Brasil está percebendo que o ecoturismo é crucial para a sobrevivência da Mata Atlântica.

5 Teresópolis

Esta cidade montanhosa um tanto desordenada, que fica 90km a nordeste da cidade do Rio, era o retiro de veraneio favorito de Teresa Cristina Maria de Bourbon-Sicílias e Bragança, a imperatriz casada com dom Pedro 2º. A cidade, que é a mais elevada do Estado do Rio de Janeiro e a mais próxima à serra dos Órgãos, também abriga o campo de treinamento da seleção brasileira de futebol e fica mais animada nos fins de semana com uma feira de artesanato. *Mapa B2*

6 Parque Nacional do Itatiaia

O parque nacional mais antigo do Brasil é o melhor lugar do Estado para ver animais silvestres neotropicais, assim como o ideal no país para a observação de aves. Itatiaia tem cachoeiras exuberantes e descortina vistas maravilhosas das montanhas e da copa das árvores que se estendem até a costa. Há vários hotéis situados nos limites do parque e muitos têm trilhas que levam diretamente à floresta, o que faz com que sejam muito frequentados por famílias. *Mapa A2*
• Estrada do Parque Nacional, km 8,5, Itatiaia • (24) 3352 1292 • Entrada paga
• www.ibama.gov.br/ parna_itatiaia

7 Região dos Lagos

A pitoresca paisagem costeira entre o Rio de Janeiro e Búzios é debruada por quilômetros de praias de areia branca, com arrebentação de ondas fortes. O interior é dotado de diversos lagos de água salobra, fato que levou a área a ser chamada de Região dos Lagos. Cidades litorâneas, incluindo Cabo Frio, Arraial do Cabo e Saquarema, são boas bases para turistas que tenham interesse em explorar a área. A viagem de ônibus ou de carro do Rio até a Região dos Lagos dura menos de três horas. *Mapa C2*
• www.riolagos.com.br

8 Cabo Frio

A maior cidade de veraneio na Região dos Lagos é muito frequentada pelos cariocas nos fins de

Praia na Ilha Grande

semana e também atrai turistas de Minas Gerais. Os atrativos são as praias ao sul da cidade, boas para surfe e mergulho com snorkel e com cilindro. Embora tenha uma arquitetura que não desperta interesse, Cabo Frio oferece boa estrutura turística, com numerosos hotéis, lojas e restaurantes. ⊗ *Mapa C2*

Barcos ancorados em Paraty

9 Paraty

Situada 245km ao sul da cidade do Rio, esta cidade colonial fundada em 1667 se desenvolveu por ser o porto que escoava o ouro e as pedras preciosas de Minas Gerais para Portugal no século 18. O centro histórico, tombado pela Unesco em 1958 como Patrimônio da Humanidade, é repleto de ruas com casas portuguesas caiadas de branco e igrejas barrocas. Há muitas praias por perto. ⊗ *Mapa A3*

10 Ilha Grande

Não há estradas nesta ilha cheia de matas ao sul da cidade do Rio. A infraestrutura é limitada, mas as praias e as trilhas para caminhada são estupendas. As balsas e barcos pesqueiros fretados que levam à capital da ilha, Vila Abraão, partem das cidades litorâneas de Angra dos Reis e Mangaratiba, ligadas por ônibus ao Rio de Janeiro. ⊗ *Mapa A2*

Um Dia em Paraty

Manhã

Bem no início da manhã caminhe pelo centro histórico e depois desça até o longo cais. O sol surgindo atrás da cidade adormecida e os morros cobertos pela **Mata Atlântica** formam uma visão magnífica. Tome café da manhã em algum dos pequenos cafés perto do cais e depois contrate um barco para fazer um passeio de meio dia pela baía, incluindo uma parada para mergulho em uma das ilhotas e visitas a praias. Na hora do almoço, peça ao barqueiro para levá-lo ao popular restaurante **Catimbau** *(pág. 99)*, comandado por um pescador local.

Tarde

Explore a cidade no início da tarde. Há mapas disponíveis no posto de informação turística na entrada do centro histórico. É fácil se situar por aqui, pois o centro tem apenas cinco ruas cortadas por outras oito. Dá para visitar todas as atrações em três ou quatro horas. Há várias igrejas barrocas, das quais a mais interessante é a de **Nossa Senhora do Rosário e São Benedito**, que era frequentada por escravos africanos e fica na rua do Comércio. Embora despojada, essa igreja tem um encanto especial. Vá também ao museu da cidade, cujo foco é a corrida do ouro.

Noite

À noite, jante em algum dos excelentes restaurantes locais. A seguir, estique a noitada indo ao **Teatro Espaço** (na rua Dona Geralda), cujas peças tragicômicas adultas com marionetes já excursionaram pela Europa e pelos Estados Unidos.

Todo inverno Paraty sedia a Festa Literária Internacional (pág. 32), *um festival literário que atrai escritores de diversas nacionalidades.*

Serra dos Órgãos; Barcos ancorados no cais de Paraty

TOP 10 Atividades no Estado do Rio

1 Observação de Aves na Mata Atlântica

Este é um dos melhores destinos do mundo para a atividade. Dentro da floresta, o Tucanos Lodge tem bons guias e ótima estrutura. *Mapa C2 • Tucanos Lodge: Caixa Postal 98125, Cachoeiras de Macacu; (21) 2649 1557; www.serradostucanos.com.br*

2 Caminhadas na Serra dos Órgãos

Esta serra é ótima para caminhadas e escaladas em rochas, e dá chance de avistar mamíferos e aves raros. É mais seguro andar tendo companhia. *Mapa B2 • www.riohiking.com.br*

3 Caminhadas em Itatiaia

O parque nacional mais antigo do país fica em belas montanhas *(pág. 96)* e tem rotas para caminhadas com duração de um dia ou mais. Empresas de turismo fornecem guias *(pág. 102)*.

4 Mergulhos em Cabo Frio

Os melhores pontos de mergulho na região sudeste ficam em Cabo Frio e Arraial do Cabo. Tartarugas e dourados são comuns. *Mapa C2 • www.cabofriosub.com.br*

5 Passeios na Baía de Paraty

Os passeios que saem de Paraty duram meio dia. Frete um barco em uma operadora como a Tuca ou em uma empresa de turismo como a Angatu e vá às diversas praias da baía. *Mapa A2 • Tuca: (24) 9948 0529 • Angatu: www.angatu.com*

6 Animais na Regua

O raro macaco muriqui vive na Reserva Ecológica de Guapi-Assu (Regua), outro lugar excelente para observação de aves. *Mapa C2 • Regua: Caixa Postal 98112, Cachoeiras de Macacu • (21) 9859 2080 • www.museunacional.ufrj.br*

7 Passeio nas Cidades Reais e nas Cafeeiras

Dá para sair de carro do Rio e visitar Petrópolis, Teresópolis e Vassouras em um dia, mas é melhor estender a viagem por mais tempo.

8 Estadas Luxuosas em Paraty

Alugue mansões no centro colonial e nas ilhas ao redor. Em geral, isso inclui um barco e um chef, sendo um programa muito requisitado durante o Festival Literário Internacional na cidade *(pág. 32)*.

9 Fim de Semana em Petrópolis

A Locanda della Mimosa é um restaurante fino e um hotel-butique com apenas seis quartos que organiza fins de semana gourmet com preços especiais para grupos. *Mapa B2 • Alameda das Mimosas 30, Vale Florido, perto de Petrópolis • (24) 2233 5405 • www.locanda.com.br*

10 Spa em Paraty

A Pousada Bromélias tem pacotes com reiki, massagem e outros tratamentos. Pode ser combinado com outros passeios em Paraty, a 30 minutos *(pág. 117)*.

O interior do restaurante Merlin O Mago

Categorias de Preço

Refeição para uma pessoa com três pratos, meia garrafa de vinho (ou prato equivalente), impostos e serviço.

$	até R$30
$$	R$30-R$50
$$$	R$50-R$70
$$$$	R$70-R$100
$$$$$	mais de R$100

TOP 10 Restaurantes

1 Satyricon

O conhecido restaurante de frutos do mar do Rio teve origem aqui nesta casa em Búzios. O salão voltado para o Atlântico é perfeito para uma refeição romântica. *Mapa C2 • Av José Bento Ribeiro Dantas, Orla Bardot, Búzios • (22) 2623 1595 • $$$*

2 Cigalon

Esta imitação de bistrô serve bons clássicos franceses. Os frutos do mar são excelentes, a carta de vinhos recomendável e o ambiente intimista. *Mapa C2 • Rua das Pedras 199, Búzios • (22) 2623 0932 • $$$*

3 Merlin O Mago

Um chef alemão treinado na Cordon Bleu é dono deste restaurante à luz de velas. O extenso menu criativo e a excelente carta de vinhos exalam capricho. *Mapa A2 • Rua do Comércio 376, Paraty • (24) 3371 2157 • $$$*

4 Bartolomeu

As melhores carnes de Paraty vêm da Argentina para cá e são preparadas com perfeição. Venha no fim de tarde para um drinque no pequeno bar. As caipirinhas são divinas. *Mapa A2 • Rua Dr Samuel Costa 176, Paraty • (24) 3371 5032 • $$$*

5 Punta Di Vino

A melhor pizzaria de Paraty também é um restaurante de frutos do mar. O vinho, a música ao vivo e a atmosfera são de alta categoria. *Mapa A2 • Rua da Matriz 129, Paraty • (24) 3371 1348 • $$*

6 Catimbau

Com um cenário encantador na orla de uma ilha no mar verde-esmeralda, o Catimbau só é acessível vindo de barco de Paraty. O menu se limita a peixes fresquíssimos. *Mapa A2 • Baía de Paraty • (24) 3371 1847 • $$*

7 Le Gite D'Indaiatiba

Em um morro com matas, este restaurante fusion franco-brasileiro é muito popular. *Mapa A2 • Rodovia Rio-Santos (BR-101), km 558, Graúna, Paraty • (24) 3371 7174 • $$$$ • www.legitedindaiatiba.com.br*

8 Villa Verde

Há pratos italianos e frutos do mar neste restaurante e bar que fica em um jardim florido, a 7km do centro. *Mapa A2 • Rodovia Paraty-Cunha, km 6,5, Paraty • (24) 3371 7808 • $$ • www.villaverdeparaty.com.br*

9 Thai Paraty

Uma das melhores opções em Paraty, este restaurante de cores vivas serve autêntica comida tailandesa de um nível raro na América do Sul. O curry verde é digno de nota. *Mapa A2 • Alameda Princesa Isabel 37C, Pontal, Paraty • (24) 3371 2772 • Almoço e jantar seg-sáb • $$*

10 Locanda della Mimosa

Este restaurante, em uma bela casa colonial, oferece carne de caça e carta de vinhos com cerca de 3 mil opções. *Mapa B2 • Alameda das Mimosas 30, Vale Florido, perto de Petrópolis • (24) 2233 5405 • $$$$ • www.locanda.com.br*

DICAS DE VIAGEM

Estádio do Maracanã; Produtos em farmácia

TOP 10 Planejamento

1 Quando Ir
O Rio é lindo em qualquer época do ano. Fica quente e chuvoso de novembro a fevereiro, e seco e ensolarado no restante do ano. As altas temporadas são em dezembro e no Carnaval, que geralmente cai em fevereiro ou março.

2 O Que Trazer
Traga roupas para temperaturas que variam de 15ºC a 35ºC. Uma blusa extra é necessária quando se vai a parques nacionais, que são locais mais frios e úmidos. Itens como protetor ou bloqueador solar, repelente de insetos e trajes de praia podem ser comprados durante sua estada.

3 O Que Vestir
O Rio é uma cidade muito informal e adota o lema do "menos é mais". Nos bairros litorâneos as pessoas circulam de bermuda, camiseta, chinelos ou sandálias; nas caminhadas no centro da cidade e em locais de floresta use calçados leves. Evite trajes que chamem a atenção e não use relógios e joias caros na viagem.

4 Passeios
Para facilitar ainda mais a sua viagem, reserve ingressos para os principais passeios recorrendo aos sites na internet. Assim você evita filas e muitas vezes consegue descontos.

5 Praias
Programe sua estada de modo que possa conhecer não apenas as praias de Copacabana, Ipanema e Leblon – são belos programas, também, as praias da Barra da Tijuca, Prainha e Grumari.

6 Segurança
Os bairros da Zona Sul em geral são seguros, mas evite usar relógio e câmera fotográfica à noite. Ande sempre por lugares movimentados. No centro, na Lapa e em Santa Teresa, redobre a atenção.

7 Armadilhas para Turistas
Como todo local que recebe gente do mundo inteiro, o Rio é cheio de armadilhas para turistas. Por exemplo, evite os bares e restaurantes com claro apelo turístico na avenida Atlântica, em Copacabana. Na dúvida, siga o carioca.

8 Música
Uma visita ao Rio de Janeiro – berço do choro, do samba e da bossa nova – não é completa sem uma noitada para ouvir música. Informe-se na internet ou nos jornais sobre as casas noturnas e os shows em cartaz. E, antes de sair para viajar, procure ouvir compositores que retrataram a alma carioca, a exemplo de Pixinguinha, Noel Rosa, Cartola, Paulinho da Viola, Chico Buarque, Vinicius de Moraes e Tom Jobim.

9 Cinema e TV
Outra boa ideia para entrar no clima do Rio ainda antes da viagem é assistir a filmes e programas de TV que têm a cidade como cenário. Chanchadas, Cinema Novo e novelas da TV Globo, para ficar apenas em alguns exemplos, podem lhe fornecer interessantes informações sobre o jeito do Rio e de sua gente.

10 Literatura
Os livros e os autores cariocas também são outra boa dica para quem quer conhecer o Rio ainda na fase de planejamento. Machado de Assis, João do Rio, Lima Barreto, Rubem Braga, Rubem Fonseca e Ruy Castro, entre outros muitos escritores, ajudam a entender o espírito da cidade.

Passeios

Mergulho
• *www.cabofriosub.com.br*

De Buggy
• *www.doloresbuggytour.com*

Na Baía de Guanabara
• *www.saveiros.com.br*

De Helicóptero
• *www.helisight.com.br*

Em Trilhas
• *www.riohiking.com.br*

Caminhadas na Cidade
• *www.culturalrio.com.br*

Nas páginas anteriores, **pintura de favela em uma feira no Rio**

Avião no Aeroporto Santos Dumont; Táxi

TOP 10 Como Chegar e Circular

1 Aeroporto Internacional Antônio Carlos Jobim

O aeroporto internacional do Rio, que fica 15km ao norte do centro da cidade, ainda é conhecido por seu nome anterior, Galeão, e também opera alguns voos domésticos. Reserve pelo menos 1 hora para chegar até lá no horário do rush. Há um posto de informação da Riotur, caixas eletrônicos 24 horas e uma casa de câmbio dentro do aeroporto; e, na parte externa, táxis e ônibus de traslado para o Aeroporto Santos Dumont. *Mapa B5 • www.infraero.gov.br*

2 Aeroporto Santos Dumont

O aeroporto doméstico do Rio fica 1km ao sul do centro da cidade. Há voos de ponte aérea para São Paulo e conexões para muitas capitais e cidades importantes de outros Estados do Brasil. Táxis daqui para Copacabana e Ipanema custam cerca de R$20-R$25. Você pode comprar um boleto para seu destino nos guichês de táxi dentro do terminal. *Mapa J2 • www.infraero.gov.br*

3 Ônibus do Aeroporto

Os melhores ônibus disponíveis são os com ar-condicionado da Real Auto, que saem dos terminais 1 e 2 do Aeroporto Antônio Carlos Jobim e vão à estação de ônibus no centro da cidade, ao Aeroporto Santos Dumont e aos bairros da Glória, Flamengo, Botafogo, Copacabana, Ipanema, Leblon, Gávea, São Conrado e Barra da Tijuca. *0800 240850 • Partidas a cada 30min entre 5h30 e 23h30 • www.realautoonibus.com.br*

4 Ônibus na Cidade

Os ônibus que circulam no Rio mostram claramente seu destino na parte da frente do veículo. À noite, prefira os táxis, mais seguros e confortáveis. *www.rioonibus.com*

5 Ônibus Interestaduais

Ônibus interestaduais e internacionais partem da Rodoviária Novo Rio, onde há um posto de informação da Riotur (para reservas de hotel), caixas eletrônicos, guarda-bagagem, casa de câmbio, lojas e cafés. Táxis para Copacabana e Ipanema custam cerca de R$25-R$30. Fique atento a seus pertences na rodoviária. *Mapa F1 • Av Francisco Bicalho 1 • (21) 3213 1800 • www.novorio.com.br*

6 Táxis

Táxis amarelos e azuis são comuns na cidade do Rio. Como nem todos são licenciados, melhor pegar os que ficam em hotéis ou em pontos nos bairros.

7 Metrô

Melhor meio de transporte disponível, o metrô do Rio vai da Zona Norte para o sul de Copacabana pelo centro da cidade. É um meio seguro, eficiente e barato. Vale a pena pegar táxis em Ipanema, Leblon ou em áreas distantes para a estação de metrô mais próxima. *5h-24h seg-sáb, 7h-23h dom e feriados, 24 horas durante o fim de semana do Carnaval • www.metrorio.com.br*

8 Aluguel de Carro e Direção

Alugar um carro é caro, melhor reservar antes de chegar no Rio. A maioria das locadoras conhecidas tem agências na cidade e nos aeroportos. Dirigir na cidade é confuso, pois há muitas vias de mão única e poucas vagas para estacionar. É melhor usar o transporte público dentro da cidade e alugar um carro para viajar pelo Estado. Evite dirigir à noite.

9 Motoristas Privados

Hotéis e empresas de turismo podem arranjar motoristas. Essa é uma opção cara, custando cerca de R$170 por um dia inteiro.

10 Balsas

Barcas atravessam a baía de Guanabara, e o percurso mais movimentado é entre a praça XV, no centro da cidade, e Niterói. Numa barca essa travessia leva 20 minutos, mas de catamarã dura menos de 5. Ambas as embarcações são mais velozes e baratas do que os táxis. As barcas saem a cada 10 minutos.

Mapas gratuitos das linhas de metrô estão disponíveis na maioria dos guichês nas estações.

Pedestres em rua do Rio; Carro da polícia; Primeira página do diário *O Globo*

TOP 10 Informações Práticas

1 Portadores de Deficiência

Embora o Brasil tenha pouca estrutura para deficientes físicos, eles contam com algumas facilidades em aeroportos, rodoviárias, shoppings e em alguns hotéis no Rio. A Society for Accessible Travel and Hospitality (SATH) dá dicas úteis em seu site. *www.sath.org*

2 Idosos

Os idosos são parte importante da paisagem social do Rio de Janeiro. Em geral, respeita-se a prioridade, por exemplo, em filas e na cessão de lugares em meios de transporte. Em caso negativo, faça valer seus direitos dirigindo-se ao responsável pelo local.

3 Mulheres

O Rio é uma cidade acolhedora, onde em geral as mulheres são tratadas com cortesia. Para repelir algum assédio indesejado, basta ignorar ou dizer com firmeza que você quer ser deixada em paz. É mais seguro pegar táxis em hotéis ou pontos.

4 Crianças

As crianças participam ativamente de todos os aspectos do cotidiano no Rio de Janeiro e quase sempre são bem-vindas, inclusive em bares e restaurantes chiques. Em geral, os cariocas as tratam com muita simpatia e afeição.

5 Andar a Pé

Durante o dia, o centro da cidade e os bairros litorâneos de Ipanema, Leblon e Copacabana podem ser explorados a pé, mas para distâncias mais longas é melhor pegar táxi ou metrô. Por medida de segurança, use táxis quando sair à noite.

6 Centros Culturais do SESC

O Rio de Janeiro é repleto de centros culturais. Um exemplo são os dos SESCs, presentes em diversos bairros. Esses centros apresentam shows musicais pequenos, porém muito interessantes, peças de teatro, exposições de arte e cinema. A maioria das unidades do SESC também tem restaurantes. *www.sescrj.com.br*

7 Postos de Turismo

Há postos de informação turística nos aeroportos e rodoviárias, e escritórios maiores no centro, em Copacabana e em Ipanema. A Embratur (www.embratur.gov.br) e a Riotur (www.rioguiaoficial.com.br) têm sites úteis em português e inglês. *Rio Convention and Visitors' Bureau: Mapa Q1 • Rua Guilhermina Guinle 272 • (21) 2266 9750 • 9h-17h seg-sex • www.rcvb.com.br*

8 Sites Úteis

Além dos sites do departamento de turismo do Rio de Janeiro (Riotur) e da Embratur, confira as informações dos sites www.rio-turismo.com e www.ipanema.com.

9 Horário Comercial

Os bancos abrem em dias úteis das 9h ou 10h às 15h ou 16h; casas de câmbio costumam abrir uma hora mais tarde. O horário dos correios varia, mas em geral vai das 8h às 17h. Lojas ficam abertas das 9h às 18h de segunda a sábado, e shoppings funcionam durante a semana das 10h às 22h ou 23h e até mais tarde aos sábados.

10 Eletricidade

A voltagem elétrica no Rio é tanto de 220 volts quanto de 110 volts. A maioria das casas e dos quartos de hotel oferece tomadas para ambas as voltagens.

Feriados

Ano-Novo ou Réveillon (1º jan); Carnaval (5 dias, em fev ou início mar); Sexta-Feira Santa e Páscoa (mar/abr); Dia de Tiradentes (21 abr); Dia do Trabalho (1º mai); Corpus Christi (62 dias após a Sexta-Feira Santa); Dia da Independência (7 set); Dia de Nossa Senhora da Aparecida/Dia das Crianças (12 out); Dia de Finados (2 nov); Dia da Proclamação da República (15 nov); Natal (25 dez)

Agência do Banco do Brasil; Caixa de correio; Telefones públicos

TOP 10 Bancos e Comunicações

1 Troco

Procure andar com dinheiro trocado para pagar pequenas contas em lojas e bares ou corridas de táxi. Muitas vezes o comércio e os taxistas não têm trocado para notas de R$50 ou R$100 –e até mesmo as de R$20 podem causar incômodos.

2 Caixas Eletrônicos

Caixas eletrônicos são encontrados por toda a cidade e são o meio mais fácil de sacar dinheiro. As retiradas são limitadas entre R$600 e R$1.000 por transação, e só pode haver duas transações por dia. Por questão de segurança, alguns caixas eletrônicos param de funcionar a partir das 22h. É recomendável utilizá-los apenas durante o dia.

3 Cartões de Crédito

American Express, Visa e MasterCard são aceitos na maioria dos lugares, mas o Visa é predominante. Cartões de crédito podem ser usados para sacar dinheiro em caixas eletrônicos em todo o Rio, mas, por medida de segurança, não devem ser levados à praia.

4 Telefones Celulares

A telefonia celular no Brasil avançou muito nos últimos anos, mas é sempre bom ficar de olho nas tarifas para interurbanos, que podem ser exorbitantes tanto para quem faz quanto para quem recebe a ligação em um aparelho celular. Turistas podem comprar um cartão SIM na chegada, mas o processo de habilitação é complicado.

5 Telefones Públicos

Há grande número de orelhões no Rio de Janeiro. Para usá-los é preciso comprar cartões telefônicos em bancas de jornais e em agências dos correios, pois eles não aceitam moedas. Para interurbanos, disque o código de uma operadora antes do código da cidade com a qual deseja falar. Você pode utilizar qualquer prestadora, mas é mais barato usar o código exibido no orelhão.

6 Cibercafés

Há cibercafés em profusão no Rio, especialmente em Botafogo, Copacabana, Ipanema e Leblon. A maioria dos hotéis tem acesso à internet e alguns oferecem banda larga sem fio nos quartos.

7 Televisão

A maioria dos hotéis no Rio de Janeiro oferece programação de TV a cabo, quase sempre com direito não apenas a canais brasileiros, mas também internacionais, tanto para filmes e entretenimento quanto para programas jornalísticos.

8 Rádio

Cidade de forte tradição nos mais diversos gêneros musicais, o Rio de Janeiro tem grande número de rádios FM que dedicam sua programação à música brasileira. Para cobertura jornalística, sintonize na CBN ou na Fluminense.

9 Jornais e Revistas

Os principais jornais diários do Rio de Janeiro são *O Globo* e *O Dia*. Nas bancas de revistas maiores você pode encontrar facilmente a edição do dia da *Folha de S.Paulo*, bem como as revistas semanais *Veja*, *IstoÉ*, *Época* e *Carta Capital*. *Veja* e *Época*, que chegam às bancas na sexta, têm suplementos com a programação de shows, peças, exposições e outros eventos.

10 Correios

Cartões-postais são baratos, e o preço de envio de cartas e pacotes varia conforme a distância da cidade à qual se quer remeter. Entregas expressas são feitas pelo Sedex, e há ainda a possibilidade de contratar as principais empresas de courier, como a Fedex. A maioria das agências dos correios abre das 8h às 17h de segunda a sexta e das 10h às 13h aos sábados, fechando aos domingos.

A Parada Gay; Bandeira do arco-íris na praia de Ipanema

TOP 10 Gays e Lésbicas

1 Aceitação

O Rio parece liberal e de mentalidade aberta, mas, como o restante do Brasil, é de fato conservador. Piadas homofóbicas são consideradas aceitáveis por muitos cariocas. A atitude em relação a gays e lésbicas em Copacabana e Ipanema é bem mais descontraída do que no centro da cidade e no resto do Estado do Rio.

2 Na Praia

O trecho da praia de Ipanema em frente às ruas Farme de Amoedo e Teixeira de Melo é o ponto de encontro diurno favorito da comunidade GLS do Rio. Procure a bandeira do arco-íris, que é exibida com orgulho por vendedores ambulantes na área. Promotores de festas sempre distribuem flyers aqui. ✆ *Mapa N6*

3 Na Rua

As ruas Teixeira de Melo e Farme de Amoedo e seus entornos são o polo da comunidade GLS em Ipanema à noite. Aqui você verá uma multidão eclética circulando pelos cafés e clubes, como o Galeria e o Dama de Ferro. ✆ *Galeria Café: Mapa P5; Rua Teixeira de Melo 31; (21) 2523 3250 • Dama de Ferro: Mapa N5 Rua Vinicius de Moraes 288; (21) 2247 2330*

4 Vida Noturna

Há muitos clubes e bares que recebem gays no Rio – especialmente em torno das praias de Ipanema e Copacabana. O clube 00 *(pág. 47)* atrai uma clientela sofisticada e o clube noturno The Week está sempre lotado. ✆ *00 (Zero Zero): Mapa L4; Av Padre Leonel Franca 240, Gávea; (21) 2540 8041 • The Week: Mapa K4; Rua Sacadura Cabral 154, Centro; (21) 2253 1020*

5 Baile de Carnaval na Le Boy

A conhecida discoteca Le Boy promove um animado baile gay durante o Carnaval. O lugar é conhecido por sua mistura irresistível de samba e música disco e pelos shows de go-go boys. ✆ *Mapa Q6 • Rua Raul Pompeia 102, Copacabana • (21) 2513 4993 • Entrada paga • www.leboy.com.br*

6 Parada Gay

Em meados de outubro a Parada Gay atrai milhões de turistas para o Rio. O desfile começa na hora do almoço em Copacabana e segue pela praia, terminando no Leme. Na semana da parada há vários eventos paralelos e a cidade fica fervilhante. ✆ *www.gaypridebrazil.com*

7 Banda de Ipanema

O desfile da Banda de Ipanema é um dos melhores do Carnaval *(pág. 40)*. Ele é formado por uma multidão maravilhosamente diversificada, incluindo desde drag queens, transexuais e foliões gays em geral até casais heterossexuais e famílias com crianças. A banda sai no sábado e na terça de Carnaval. ✆ *Mapa P5 • Praça General Osório, Ipanema*

8 Drag Queens

Há muito tempo a cidade tem uma cena singular de pessoas que se travestem, a qual deu origem a ícones gays cariocas como Carmen Miranda e Isabelita dos Patins. Isso chega ao auge na época do Carnaval, com trajes vistosos e perucas imensas. Uma das figuras históricas mais famosas do Rio, João Francisco dos Santos, ou Madame Satã, era uma drag queen nos anos 1920.

9 Gala Gay

Este baile de Carnaval pitoresco e divertido é um dos maiores eventos do calendário GLS do Rio. Ele é promovido na terça-feira de Carnaval e fica lotado de celebridades locais e estrangeiras.

10 Publicações e Sites

Há algumas publicações no Brasil especialmente voltadas à comunidade gay e lésbica. Uma das mais conhecidas é a *G Magazine*. O site www.ipanema.com tem uma seção de programação bastante útil para o público GLS e traz informações gerais atualizadas, assim como o portal UOL (www.uol.com.br).

Dormitório feminino em pousada de Ipanema; Casa de sucos

TOP 10 Rio Econômico

1 Reserva Antecipada

A hospedagem no Rio de Janeiro fica mais barata se você fizer reserva antecipada pela internet. Muitos hotéis maiores chegam a dar 30% de desconto para reservas on-line.

2 Baixa Temporada

Além da óbvia vantagem dos preços menores para hospedagem e alimentação, a baixa temporada traz como benefício a tranquilidade, tanto na cidade quanto nas praias. O período que vai das duas últimas semanas de dezembro até o Carnaval e o mês de junho são os mais movimentados; abril, maio, agosto e setembro são os meses mais calmos.

3 Desconto em Passagens Aéreas

TAM, Gol, Avianca, Webjet e Azul sempre oferecem voos mais baratos na internet. Seus sites aceitam cartões de crédito. *www.tam.com.br; www.voegol.com.br; www.avianca.com.br; www.webjet.com.br, www.voeazul.com.br*

4 Locação de Apartamento

Para quem pretende passar mais de uma semana no Rio, alugar um apartamento pode se revelar um bom negócio, pois às vezes sai bem mais barato do que um quarto de hotel, especialmente nos bairros que têm praia. A maioria desses apartamentos tem cozinha montada e máquina de lavar roupa, sendo uma opção excelente para famílias.

5 Pousadas e Albergues

A maioria das pousadas e albergues do Rio de Janeiro atrai uma clientela jovem e oferece hospedagem tanto em quartos privativos quanto em dormitórios. Em geral, mas nem sempre, os albergues são mais baratos que a maioria dos hotéis econômicos. Os quartos mais baratos não têm ar-condicionado, só ventilador.

6 Alimentação Barata

Uma boa opção de almoço é o prato feito em oferta nos restaurantes mais baratos do Rio. Restaurantes por quilo também são razoáveis e presentes por toda a cidade *(pág. 110)*. Muitos bares oferecem petiscos rápidos e baratos, e pode-se comprar frutas deliciosas a preços acessíveis em supermercados e junto a vendedores ambulantes.

7 Deslocamento Fora do Rush

Tente evitar pegar táxi das 7h às 10h e das 17h às 20h, quando o trânsito do Rio de Janeiro fica muito congestionado com pessoas que estão indo ou voltando do trabalho. Se não houver metrô para seu destino, tente usá-lo pelo menos em parte do itinerário para poupar tempo e dinheiro.

8 Lavanderias

As lavanderias no Rio funcionam de segunda a sábado e são sempre no mínimo 50% mais baratas do que mandar lavar roupa no hotel. Todas as lavanderias têm funcionários com os quais você pode deixar suas peças de roupa suja e depois buscá-las secas, dobradas e passadas a ferro. Algumas entregam as roupas no hotel se a lavagem for pré-paga. Procure placas de lavanderia nas ruas.

9 Passeios de Graça

Há muito o que fazer no Rio de graça ou gastando quase nada. A primeira sugestão é passar horas nas diversas praias da cidade. Com exceção do Jardim Botânico *(págs. 18-9)*, todos os parques locais são gratuitos, embora haja um custo para chegar até eles. A maioria das igrejas da cidade tem entrada gratuita.

10 Cartões Telefônicos

Bancas de jornais e lojas nos aeroportos, rodoviárias e em muitas pousadas e albergues da cidade vendem cartões telefônicos internacionais e locais que podem garantir uma boa economia.

Ondas fortes quebram na costa; Turistas na praia

TOP 10 Segurança e Saúde

1 Emergências

Em casos de emergência no Rio de Janeiro, você deve ligar para os seguintes números telefônicos: Bombeiros, 193; Polícia, 190; Ambulância, 192. Todos atendem prontamente e enviam os veículos e o pessoal especializado. Os atendentes desses números costumam ser bastante solícitos; o pessoal do Batalhão de Policiamento em Áreas Turísticas fala inglês.

2 Farmácias

Há farmácias espalhadas por toda a cidade, e em geral os hotéis informam onde achar nas proximidades alguma que funcione 24 horas. Medicamentos com receita médica, inclusive antibióticos, só são vendidos no balcão. Você pode deixar para comprar cosméticos, repelentes de insetos e protetor solar nas farmácias, depois que chegar.

3 Seguro de Viagem

É sempre prudente ter um seguro de viagem. Roubos e furtos podem acontecer, e crimes devem ser relatados imediatamente em uma delegacia. Ao dar queixa de um crime, peça um boletim de ocorrência oficial impresso. Tenha sempre em mãos a carteira do seu convênio de saúde.

4 Polícia

A polícia militar do Rio tem um Batalhão de Policiamento em Áreas Turísticas (BPTur), cuja sede fica em Copacabana. Há um posto de atendimento no Leblon. ✆ *(21) 2332 7949*

5 Criminalidade

Furtos são comuns na cidade, especialmente nos ônibus. Cartões de crédito e outros itens de valor devem ser guardados em uma bolsa com fecho ou deixados no hotel. Se for vítima de um assalto, não reaja. Evite caminhadas longas à noite e prefira caixas eletrônicos de shoppings e supermercados aos de rua.

6 Consulados

As embaixadas estrangeiras ficam em Brasília, mas a maioria dos países tem consulados no Rio. Estrangeiros que perderam ou danificaram o passaporte devem recorrer a seu consulado. ✆ *EUA: www.consuladodoeua-rio.org.br • Argentina: (21) 2553 1646 • Uruguai: (21) 2553 6030 • Chile: (21) 3579 9658*

7 Precauções na Praia

De dia, as praias do Rio são bem policiadas, mas é recomendável levar o mínimo possível e ficar atento. Objetos pessoais deixados na areia podem ser furtados, especialmente se a praia estiver lotada.

8 Nado Seguro

Muitas praias do Rio de Janeiro têm correnteza forte, marés traiçoeiras e água gélida. Bandeiras dos salva-vidas indicam áreas perigosas para o nado. Não é aconselhável nadar nas praias da baía de Guanabara, pois dejetos industriais lançados por fábricas e nos subúrbios da Zona Norte poluem as águas. Vá apenas às praias oceânicas.

9 Discrição

O Rio de Janeiro parece liberal, mas na verdade é um tanto conservador. Fazer topless nas praias não é um hábito comum. O samba e o forró são danças com muito contato corporal, mas são vistos com a mesma naturalidade do que dançar separado em uma casa noturna. Muitos estrangeiros confundem os movimentos sensuais durante a dança como um convite para algo mais, o que ofende o pessoal local.

10 Água Potável

A água de torneira no Rio é potável, mas o gosto não é agradável. Garrafas de água são baratas, mas use sempre a mesma e a lave com frequência, algo ecologicamente correto. Outra opção é comprar um garrafão para se abastecer. Muitos restaurantes e hotéis oferecem bebedouros ou galões com água gelada de graça.

Vista noturna de uma praia; Placa de mão única; Panorama aéreo de uma favela

TOP 10 A Evitar

1 Caminhar à Noite

O centro da cidade é fervilhante durante o dia, mas fica surpreendentemente vazio após as 20h. É aconselhável pegar táxi mesmo para itinerários curtos. Se você estiver em uma área sem ponto de táxi por perto, caminhe até o hotel, bar ou restaurante mais próximo e peça a alguém que ligue para um táxi. Os cariocas costumam ser muito solícitos.

2 Praias à Noite

As praias do Rio são amplas e longas. Ladrões podem agir e fugir rapidamente. Caminhe por locais onde haja gente circulando, perto dos quiosques abertos, não muito tarde da noite.

3 Áreas Perigosas

É sempre aconselhável evitar as favelas, exceto em visitas organizadas por grupos que desenvolvem algum trabalho social nas comunidades. Nunca aceite o convite para ir à favela feito por alguém que você conheceu na praia. Após o anoitecer, evite o centro da cidade e ruas escuras. Preste atenção especialmente perto da avenida Atlântica, no Aterro do Flamengo e nas imediações da rodoviária Novo Rio. *Mapas H5 e G6*

4 Táxis Ilegais

Táxis que circulam nas ruas em busca de clientes geralmente são seguros, mas às vezes são dirigidos por pessoas inescrupulosas e sem a devida licença. Pegue táxis em pontos, hotéis ou mediante acerto em guichês nos aeroportos.

5 Picadas de Insetos

Há mosquitos na área urbana do Rio, e durante épocas mais quentes e chuvosas eles podem transmitir dengue, uma infecção viral com os mesmos sintomas de uma gripe forte. Não existe vacina contra dengue, mas os turistas podem se proteger usando um bom repelente de insetos que contenha DEET em sua fórmula e se hospedando em um hotel em que os quartos tenham ar-condicionado.

6 Queimaduras de Sol

O sol no Rio é muito forte. Use protetor solar cujo fator mínimo de proteção seja 30. Crianças e adultos de pele sensível devem passar protetor solar de fator 50. Evite a exposição direta ao sol entre 10h e 14h. Você encontra protetor solar em qualquer farmácia ou supermercado.

7 Ruas de Mão Única

Quase todas as ruas perpendiculares às praias em Ipanema, Leblon e Copacabana são de mão única. Com o objetivo de fazer fluir o trânsito, há inversões de mão nas avenidas litorâneas, a exemplo da Vieira Souto, em Ipanema. Aos domingos, essas mesmas avenidas tem uma pista bloqueada para o trânsito.

8 Prostituição

Há muita prostituição nas calçadas da avenida Atlântica e nos numerosos clubes e cafés nessa área. Muitos travestis também são assaltantes e, assim como algumas prostitutas, são famosos por aplicar o golpe do "Boa Noite, Cinderela" em seus clientes. Depois de jogar alguma droga sonífera no drinque do cliente, deixam-no dormindo em um quarto de hotel e levam todos os pertences. Ter relações com menores de idade é crime.

9 Falta de Troco

Lojas e outros estabelecimentos pequenos raramente têm troco para notas acima de R$20 – e às vezes mesmo para as de R$20. Tenha sempre dinheiro trocado no bolso e esconda as notas de maior valor.

10 Lombadas

Os quebra-molas são comuns em ruas e estradas do Rio de Janeiro. Existem placas anunciando as lombadas bem antes de elas aparecerem.

Casa de sucos; Frutas tropicais; Bufê no Arpoador Inn

TOP 10 Onde Comer

1 Churrascarias

O Rio tem algumas das melhores churrascarias do país, diversas delas trabalhando com esquema de rodízio, em que os clientes se servem em um bufê de saladas e os garçons trazem à mesa uma imensa variedade de cortes de carne, linguiças e peixes. Muitas churrascarias servem aos sábados a tradicional feijoada, acompanhada de caipirinha.

2 Restaurantes por Quilo

Estes restaurantes com bufê estão entre as opções com melhor relação custo-benefício no Rio e ficam muito movimentados no horário do almoço, especialmente durante os dias de semana. Muitos deles oferecem opções vegetarianas e diversos doces de sobremesa.

3 Hora das Refeições

Os cariocas costumam tomar café da manhã entre 7h e 9h. O almoço, que é a principal refeição do dia, geralmente vai das 12h às 14h nos dias úteis e das 13h até o fim da tarde nos fins de semana. O jantar tende a ser leve, exceto em ocasiões especiais, e normalmente é após as 21h.

4 Couvert Indesejado

Alguns restaurantes colocam na mesa pão, azeitonas, carnes frias e queijos – o chamado couvert – assim que o cliente se senta. Se você não quiser, peça ao garçom para retirar o couvert da mesa – e sua conta vai ficar mais barata.

5 Menus de Almoço Fixos

O prato feito, também chamado de PF ou de prato do dia, é uma opção muito barata de almoço, geralmente farta. Ele é composto por uma salada de entrada e um prato principal que pode ser carne, frango ou peixe com batatas fritas, arroz e feijão. Às vezes dá direito a sobremesa ou suco e café. A maioria dos restaurantes menores tem essa opção e a anuncia em placas.

6 Gorjetas

A gorjeta fica a critério do cliente e só deve ser dada se o atendimento for satisfatório. Dez por cento da conta é a regra. Vagas na rua perto de restaurantes e bares são controladas por guardadores ilegais, os flanelinhas, que o ajudam a estacionar e se oferecem para cuidar do carro. Em geral, os cariocas dão de R$2 a R$5 como pagamento.

7 Restaurantes Vegetarianos

Como em outras cidades brasileiras, os vegetarianos podem ter dificuldades no Rio de Janeiro. Quando encontram opções, elas geralmente se limitam a saladas verdes com cenoura e beterraba, e pratos feitos com carne de soja. Alguns restaurantes melhores têm bons pratos vegetarianos *(págs. 44-5)*.

8 Restaurantes de Hotel

Alguns dos melhores restaurantes do Rio ficam em hotéis, como por exemplo o Copacabana Palace e o Fasano *(pág. 112)*. Eles atendem não hóspedes, mas é preciso fazer reserva. Tais restaurantes pedem um traje mais formal do que aquele que se usa em outros estabelecimentos do Rio.

9 Padarias

Muitas padarias no Rio também funcionam como restaurantes e servem o barato prato feito. O cardápio de lanches é bem variado, incluindo sanduíches como o de pernil com fatias de abacaxi, o açaí na tigela com xarope de guaraná, salgadinhos como empada e coxinha, sucos e sorvetes.

10 Frutas

É imensa a variedade de frutas oferecida nas casas de sucos do Rio de Janeiro. Não apenas as comuns, como manga, banana e mamão, mas também as mais exóticas, a exemplo de açaí, cupuaçu e umbu. Elas também podem ser compradas in natura em supermercados e em forma de sorvete.

Quarto alugado em uma casa; Hotel-butique Casas Brancas; Apartamento para aluguel

TOP 10 Dicas de Hospedagem

1 A Escolha do Local

Segurança é uma questão importante no Rio. Os bairros mais seguros são Ipanema e Leblon, ótimos pelas praias, porém caros e distantes do centro da cidade. Por sua vez, bairros com menor aparato de segurança, como Santa Teresa e os da área da baía de Guanabara, são mais interessantes em termos culturais.

2 A Questão da Língua

Os funcionários de hotéis e pousadas mais caros geralmente falam inglês e às vezes espanhol, o que não se aplica à maioria dos estabelecimentos mais baratos.

3 Reservas

Nas altas temporadas durante o Natal e o Ano-Novo e nas duas semanas na época do Carnaval, é essencial reservar hospedagem com boa antecedência. Reservas também são necessárias para hotéis praianos em fins de semana nas férias, e devem ser feitas em qualquer época do ano nos hotéis de luxo.

4 Tarifas Mais Baixas

Sempre há tarifas promocionais em sites de hotéis. Os descontos são de até 50% em relação à tarifa padrão, especialmente se a reserva for feita com algumas semanas de antecedência. É sempre melhor fazer contato direto com o hotel, pois os descontos em seus próprios sites costumam ser melhores do que os encontrados em sites internacionais de busca de hotéis.

5 Arranjos para Crianças

Quase sempre se pode contar com camas extras, caminhas com grades e babás nos hotéis do Rio. A maioria dos restaurantes de hotéis tem cadeirões para crianças pequenas e menu adequado para elas que, em geral, é mais barato do que o menu normal.

6 Hotéis-Butique

O Rio de Janeiro dispõe de alguns hotéis-butique bem charmosos, muitos deles administrados por europeus e restritos a áreas como a Gávea, Santa Teresa e às praias mais distantes de Ipanema.

7 Pousadas e Albergues

Há uma profusão de pousadas e albergues no Rio. A maioria fica em bairros litorâneos, sobretudo em Botafogo, Flamengo, Copacabana, Ipanema e Leblon. O número de pousadas não para de crescer na cidade. Sites como www.pousadas.com e www.hostelbookers.com dão mais detalhes.

8 Residências Locais

Hospedar-se na residência de um carioca é uma ótima maneira de entender melhor a cidade. Socializar com o anfitrião fica a critério do hóspede – não há pressão para isso e a privacidade costuma ser respeitada. A Cama e Café oferece estadas em residências em Santa Teresa. Empresas como a Angatu e The Brazilian Beach House Company alugam casas privadas. *www.camaecafe.com.br; www.angatu.com; www.brazilianbeachhouse.com*

9 Apartamentos

Pode-se alugar apartamentos mobiliados até para estadas de poucos dias, o que garante mais privacidade. Os melhores têm cozinha equipada, lavadoras de roupa e TV a cabo, além de serviços de recepção e limpeza diária do quarto. Os preços variam bastante dependendo da localização e do padrão do imóvel – pesquise antes de fechar o seu negócio. *www.flatsinrio.com*

10 Zeladores

Apartamentos, casas particulares e a maioria dos hotéis têm porteiros e zeladores. Isso pode significar desde porteiros comuns a funcionários poliglotas que chegam a dar sugestões sobre os melhores pratos de diversos restaurantes. Manter uma convivência amigável com o porteiro é algo importante no cotidiano dos cariocas.

O apartamento de Ronald Biggs (pág. 82) *pode ser alugado através da Cama e Café* (pág. 115).

Hotel Glória; Caesar Park; Copacabana Palace

TOP 10 Hotéis de Luxo

1 Fasano

Até a abertura deste sofisticado hotel cinco-estrelas em 2007, Ipanema e Leblon não tinham hotéis de luxo verdadeiramente de nível internacional. Os quartos têm bela decoração e sacadas privativas com vista para o mar. O restaurante daqui é excelente. *Mapa P6 • Av Vieira Souto 80, Ipanema • (21) 3202 4000 • www.fasano.com.br • $$$$$*

2 Copacabana Palace

O hotel mais luxuoso de Copacabana oferece suítes com vistas para o mar que já hospedaram príncipes, presidentes e astros de cinema internacionais. Retratos de muitos hóspedes famosos ficam expostos na galeria. A parte mais antiga do hotel tem os melhores quartos. *Mapa R3 • Av Atlântica 1702, Copacabana • (21) 2548 7070 • www.copacabana palace.com.br • $$$$$*

3 Ipanema Plaza

Este hotel elegante fica instalado em uma torre alta a um quarteirão do mar, em Ipanema. Os quartos no "piso Ipanema" exibem linhas e cores modernas e despojadas, além de mobiliário italiano. A cobertura tem uma piscina e proporciona lindas vistas do Atlântico. *Mapa N6 • Rua Farme de Amoedo 34, Ipanema • (21) 3687 2000 • www.ipanemaplazahotel.com • $$$$$*

4 Caesar Park

O atendimento é perfeito no Caesar Park, um hotel para executivos voltado para a praia de Ipanema. A vista é excelente, como na maioria dos hotéis do Rio instalados em edifícios. Há serviço de quarto 24 horas, e entre as comodidades para a praia há espreguiçadeiras e chuveiros. *Mapa N6 • Av Vieira Souto 460, Ipanema • (21) 2525 2525 • www.caesarpark.com.br • $$$$$*

5 Sofitel

As vistas fabulosas, o ótimo restaurante francês Le Pré Catalan *(pág. 91)* e a qualidade do atendimento compensam a decoração pouco inspirada. *Mapa Q5 • Av Atlântica 4240, Copacabana • (21) 2525 1232 • www.sofitel.com • $$$$$*

6 Hotel Glória

O hotel mais grandioso do Rio na década de 1920 foi reaberto em 2011 depois de uma ampla reforma que respeitou seu charme antigo. Sua localização é muito prática para ir ao centro da cidade, à Lapa e ao Aeroporto Santos Dumont. *Mapa X6 • Rua do Russel 632, Glória • (21) 2555 7272 • www.hotelgloriario.com.br • $$$$*

7 JW Marriott

Este luxuoso hotel para executivos foi inaugurado na virada do milênio e prometia ser um dos melhores do Rio. O atendimento e a estrutura para negócios são excelentes, mas os quartos são pequenos e muitos não têm vista para o mar. *Mapa Q4 • Av Atlântica 2600, Copacabana • (21) 2545 6500 • www.marriott.com.br • $$$$$*

8 Sheraton Barra

Estas torres gêmeas bem na praia são a melhor opção de hospedagem nas cercanias da Barra da Tijuca e do Recreio dos Bandeirantes. Os quartos, espaçosos, têm sacadas com vista para o mar. *Mapa B6 • Av Lúcio Costa 3150, Barra da Tijuca • (21) 3139 8000 • www.sheraton-barra.com.br • $$$$$*

9 Pestana Rio Atlântica

As vistas de Copacabana a partir da piscina no alto deste hotel estão entre as mais memoráveis do Rio. Os quartos são bem decorados e todos têm sacadas. *Mapa Q4 • Av Atlântica 2964, Copacabana • (21) 2548 6332 • www.pestana.com • $$$$$*

10 Intercontinental São Conrado

Situado em frente à praia de São Conrado, este hotel tem ótima estrutura para congressos e eventos, além de uma excelente área de lazer. Todas as suítes oferecem vista para o mar. *Mapa B6 • Av Aquarela do Brasil 75, São Conrado • (21) 3323 2200 • www.intercontinental.com • $$$$$*

Suíte no Mama Ruisa

Categorias de Preço

Para quarto padrão de casal, por noite, com café da manhã (se incluído), impostos e taxas adicionais.

$	até R$100
$$	R$100-R$170
$$$	R$170-R$300
$$$$	R$300-R$400
$$$$$	mais de R$400

TOP 10 Hotéis-Butique

1 La Suite

O hotel-butique mais fino do Rio é voltado para a exclusiva praia da Joatinga. Cada um de seus sete quartos é pintado com uma cor diferente e tem um luxuoso banheiro de mármore combinando. O estilo geral é uma mescla do moderno e do clássico. *Mapa B6 • Rua Jackson de Figueiredo 501, Joatinga • (21) 2484 1962 • www.lasuite.com.br • $$$$$*

2 La Maison

Ligado ao La Suite, este hotel-butique é mais discreto e fica a curta distância de táxi da praia. Com vistas fantásticas até o Corcovado, tem cinco quartos de climas variados, desde um rosa-shocking a outro com objetos chineses. *Mapa D6 • Rua Sérgio Porto 58, Gávea • (21) 3205 3585 • www.lamaisonrio.com • $$$$$*

3 Marina All Suites

Este hotel luxuoso à beira-mar, que hospeda celebridades, oferece oito suítes diferenciadas, criadas por decoradores famosos. Há também mais 30 suítes com sala de estar e home theater, além de bar e restaurante de alto nível. *Mapa L6 • Av Delfim Moreira 696, Leblon • (21) 2172 1100• www.marinaall-suites.com.br • $$$$*

4 Mama Ruisa

Hotel-butique charmoso e discreto, fica em uma mansão do século 18 que passou por uma repaginação em Santa Teresa. Cada quarto tem o nome de um ícone cultural francês. *Mapa V6 • Rua Santa Cristina 132, Santa Teresa • (21) 2242 1281 • www.mamaruisa.com • $$$$*

5 Portinari Design

O único hotel-butique de Copacabana tem uma série de suítes requintadas em uma torre alta e estreita de aspecto empresarial. A decoração é minimalista, os móveis são funcionais e o atendimento é cortês. *Mapa Q5 • Rua Francisco Sá 17, Posto 6, Copacabana • (21) 3222 8800 • www.hotelportinari.com.br • $$$$*

6 Boticário 32

Esta mansão foi restaurada e mobiliada com muito bom gosto. A atmosfera é intimista e o atendimento, solícito. Há somente duas suítes, e ambas têm vista para um pequeno jardim. *Mapa Q3 • Largo do Boticário 32, Cosme Velho • (21) 2265 0943 • www.boticario32.com.br • $$$$*

7 Relais Solar

Decorado com murais pintados à mão, o Relais Solar tem cinco quartos espaçosos, cada qual com sacada privativa e vista que se estende de um belo jardim até o centro da cidade. Os janelões mantêm a casa arejada. *Mapa V6 • Ladeira do Meirelles 32, Santa Teresa • (21) 2221 2117 • www.solardesanta.com.br • $$*

8 Arpoador Inn

Com localização charmosa junto às areias, este hotel em um edifício pequeno oferece quartos e instalações básicos e funcionais. O salão de refeições se abre para um calçadão, deixando a luz matinal do sol entrar. *Mapa P6 • Rua Francisco Otaviano 177, Ipanema • (21) 2274 6995 • www.arpoadorinn.com.br • $$*

9 Casa Áurea

Esta pousada-butique informal e de gestão familiar fica em um pequeno pátio ajardinado em uma rua secundária em Santa Teresa. Cada quarto apresenta formato, tamanho e cor próprios, e é decorado com peças de arte e balangandãs. A clientela é jovem e a equipe é fluente em vários idiomas. *Mapa V6 • Rua Áurea 80, Santa Teresa • (21) 2242 5830 • www.casaaurea.com.br • $*

10 Casa Mango Mango

O hotel-butique mais rebuscado de Santa Teresa fica ao lado do convento que deu seu nome ao bairro. As áreas de uso comum e 12 quartos são profusamente decorados com obras de artistas cariocas. Também há um dormitório com beliches. Os quartos têm vistas maravilhosas que se estendem dos jardins tropicais até o centro da cidade. *Mapa V6 • Rua Joaquim Murtinho 587, Santa Teresa • (21) 2508 6440 • www.casa-mangomango.com • $$*

Suíte no Marina Palace; Fachada do Sol Ipanema; Recepção no Mar Ipanema

TOP 10 Hotéis de Preço Médio

1 Marina Palace

Um dos melhores hotéis em prédios altos, o Marina Palace fica perto dos restaurantes do Leblon e oferece quartos espaçosos. Os andares superiores têm lindas vistas do oceano. *Mapa L6 • Av Delfim Moreira 630, Leblon • (21) 2172 1010 • www.marinapalacehotel.com • $$$$*

2 Sol Ipanema

Este quatro-estrelas junto à praia é o representante em Ipanema da rede Best Western. Os quartos são um tanto pequenos, mas têm as comodidades padrão. Os andares mais altos são mais silenciosos. *Mapa M6 • Av Vieira Souto 320, Ipanema • (21) 2525 2020 • www.solipanema.com.br • $$$*

3 Copacabana Mar

Em uma torre de frente para a praia, este hotel tem quartos confortáveis com decoração neutra minimalista e camas king size. Sua moderna infraestrutura para executivos inclui acesso sem fio à internet em todos os quartos. *Mapa R3 • Rua Min. Viveiros de Castro 155, Copacabana • (21) 3501 7900 • www.copacabanamar.com.br • $$$*

4 Debret

Com o nome do artista francês que pintou algumas das primeiras paisagens do Rio, este hotel modesto voltado para a praia oferece quartos claros e arejados. Algumas suítes têm sala de estar com sofás, poltronas e mesas de madeira para refeições. *Mapa Q4 • Av Atlântica 3564, Copacabana • (21) 2522 0132 • www.debret.com • $$*

5 Ipanema Inn

Há boas vistas da praia nos andares superiores deste edifício, escondido atrás do hotel Caesar Park em Ipanema. O hotel tem quartos despojados, porém com boa manutenção, e fica próximo à praia e às ruas de comércio. *Mapa N6 • Rua Maria Quitéria 27, Ipanema • (21) 2523 6092 • www.ipanemainn.com.br • $$*

6 Mar Ipanema

Este hotel em uma torre fica no coração de Ipanema, perto da praia e das áreas de comércio. Decorados com simplicidade, os quartos têm piso de madeira e gravuras em preto e branco do Rio. O uso de espreguiçadeiras e toalhas de praia é gratuito. *Mapa M5 • Rua Visconde de Pirajá 539, Ipanema • (21) 3875 9191 • www.maripanema.com • $$*

7 San Marco

Este hotel duas-estrelas em um prédio alto é outra opção simples e bem localizada. Em geral, os quartos são bem despojados, mas há variações; portanto, olhe alguns antes de fazer sua escolha. *Mapa M5 • Rua Visconde de Pirajá 524, Ipanema • (21) 2540 5032 • www.sanmarcohotel.net • $$*

8 Hotel Vermont

Os melhores quartos neste hotel ficam nos andares superiores e têm vistas razoáveis, enquanto os menos interessantes ficam nos andares inferiores e dão para uma parede de concreto. Um dos mais econômicos na faixa de preço médio, o hotel é um dos favoritos dos gays. *Mapa N5 • Rua Visconde de Pirajá 254, Ipanema • (21) 3202 5500 • www.hotelvermont.com.br • $$*

9 Savoy Othon Travel

Integrante da conhecida rede brasileira Othon, o Savoy tem tarifas mais baixas do que as de muitos hotéis semelhantes na área. A vantagem dos quartos nos andares superiores são as vistas fantásticas de Copacabana. *Mapa Q4 • Av Nossa Senhora de Copacabana 995 • (21) 2106 0200 • www.othonhoteis.com • $$*

10 Grandarrell Ouro Verde

Este é um dos hotéis de preço médio com melhor relação custo-benefício em Copacabana. Em sua maioria, oos quartos oferecem lindas vistas do oceano. O Grandarrell tem uma gama razoável de serviços especialmente voltados para executivos, incluindo acesso sem fio à internet. *Mapa R3 • Av Atlântica 1456, Copacabana • (21) 2543 4123 • www.dayrell.com.br • $$*

Interior de uma casa alugada pela Cama e Café

Categorias de Preço

Para quarto padrão de casal, por noite, com café da manhã (se incluído), impostos e taxas adicionais.

$	até R$100
$$	R$100-R$170
$$$	R$170-R$300
$$$$	R$300-R$400
$$$$$	mais de R$400

TOP 10 Apartamentos e Casas

1 Cama e Café

Esta empresa de hospedagem em residências privadas oferece mais de 50 opções em Santa Teresa, o que abrange desde quartos simples em casas de estudantes a suítes em luxuosas mansões. Os hóspedes podem manter sua privacidade ou se integrar com os anfitriões. *Mapa U6 • Rua Laurinda Santos Lobo 124, Santa Teresa • (21) 2225 4366 • www.camaecafe.com• $$*

2 Transamérica Flat Barra

A curta caminhada da praia e próximos aos shoppings e à vida noturna da Barra, estes apartamentos espaçosos têm acesso à internet, piscinas e serviço de quarto. Os dos andares superiores também dispõem de vistas da praia e da pedra da Gávea. *Mapa B6 • Avenida Gastão Senges 395, Barra da Tijuca • (21) 2123 7000 • www.transamericaflats.com.br • $$$*

3 Mercure Rio de Janeiro Arpoador

Os apartamentos neste edifício alto são voltados para a praia de Ipanema. As instalações e os serviços oferecidos pelo Parthenon são praticamente os mesmos que se encontram em um hotel, como serviço de quarto, business center, acesso à internet, estacionamento, academia e sauna. *Mapa P6 • Rua Francisco Otaviano 61, Ipanema • (21) 2113 8600 • www.mercure.com.br • $$$*

4 Mercure Rio de Janeiro Ipanema

Em um quarteirão entre Copacabana e Ipanema, este conhecido flat fica a 5 minutos de caminhada dessas duas praias. Há piscina, sauna e 55 apartamentos bem mobiliados que contam com salas de estar privativas. *Mapa P6 • Av Rainha Elizabeth 440, Ipanema • (21) 3222 9100 • www.accorhoteis.com.br • $$$*

5 Copacabana One Flat

Estes apartamentos são simples e pequenos, mas contam com serviço de concierge e ficam a apenas seis quarteirões das praias de Ipanema e Copacabana, perto da lagoa Rodrigo de Freitas. *Mapa P4 • Rua Pompeu Loureiro 99, Copacabana • (21) 2256 4129 • $*

6 Copacabana Holiday

Disponíveis para locação, estes apartamentos muito práticos ficam em Copacabana, Ipanema e Leblon, e muitos dispõem de localização privilegiada em frente à praia. Alguns têm ótima relação custo-benefício. *Mapa R3 • Rua Barata Ribeiro 90A, Copacabana • (21) 2542 1525 • www.copacabanaholiday.com.br • $$*

7 Fantastic Rio

A Fantastic Rio é uma das imobiliárias locais mais conceituadas, e seu portfólio abrange 200 apartamentos, flats, estúdios e apart-hotéis por todo o Rio. Localizados em prédios com esquema de segurança, esses imóveis podem ter até cinco quartos ou ser coberturas de um ou dois andares. *(21) 3507 7491 • fantasticrio.vilabol.uol.com.br/aparthoteis.html • $$-$$$$$*

8 The Brazilian Beach House Company

Esta imobiliária de gestão britânica aluga luxuosas casas em praias e cidades por todo o Rio de Janeiro, assim como cerca de 30 propriedades espetaculares em Búzios, em ilhas privadas e no restante da costa brasileira. *Rua Haddock Lobo 846, São Paulo (sede) • (11) 3085 7000 • www.brazilianbeachhouse.com • $$$$*

9 Angatu

Esta empresa oferece luxuosas casas, assim como ilhas privadas com acomodações rústicas e iates em Parati, Angra dos Reis e na área da Ilha Grande. O serviço é excelente, organiza viagens sob medida e providencia traslados completos. *www.angatu.com • $$$$*

10 Rio Apartments

Esta empresa dispõe de diversos apartamentos confortáveis em Ipanema e no Leblon, muitos dos quais contam com piscinas exclusivas, saunas, aparelhos de ginástica e serviço de quarto. *Mapa N5 • Rua Rainha Elizabeth 85, Copacabana • (21) 2247 6221 • www.rioapartments.se • $$$*

Rio Hostel Santa Teresa; Lemon Spirit Hostel; Ipanema Beach House

TOP 10 Hotéis e Pousadas Econômicos

1 Atlantis Copacabana
Embora os quartos com ar-condicionado sejam simples, a localização deste hotel não poderia ser melhor, já que ele fica em uma área silenciosa e segura a 2 minutos das praias de Copacabana e Ipanema. O café da manhã é farto e há uma pequena piscina na cobertura. *Mapa Q5 • Rua Bulhões de Carvalho 61, Copacabana • (21) 2521 1142 • www.atlantishotel.com.br • $$*

2 Stone of a Beach Hostel
Uma das melhores pousadas para jovens mochileiros, fica perto do Copacabana Palace em uma das raras mansões antigas no bairro de Copacabana. O Bar Clandestino, adjacente à pousada, exibe filmes cult e de surfe quando a pista de dança não está fervendo. *Mapa R3 • Rua Barata Ribeiro 111, Copacabana • (21) 3209 0348 • www.stoneofabeach.com • $*

3 Ipanema Beach House
Esta é uma das pousadas mais sofisticadas do Rio de Janeiro. Os quartos e os dormitórios ficam em volta de uma piscina e de uma área ajardinada com um bar. A localização, bem no meio de Ipanema, é invejável, e a praia fica a apenas uma curta caminhada. *Mapa M5 • Rua Barão da Torre 485, Ipanema • (21) 3202 2693 • www.ipanemabeachhouse.com • $*

4 SESC Copacabana
Construído no estilo que deu fama internacional ao arquiteto brasileiro Oscar Niemeyer *(pág. 68)*, este centro cultural a uma quadra da praia de Copacabana abrange um teatro, um cinema e um hotel. A atmosfera é serena e os 120 apartamentos são modernos e limpos. *Mapa Q4 • Rua Domingos Ferreira 160, Copacabana • (21) 2548 1088 • www.sescrio.org.br• $*

5 Carioca Easy Hostel
Situada na Urca, um dos bairros mais seguros do Rio, esta pousada fica em uma rua secundária tranquila perto da beira-mar. Há diversos restaurantes nas imediações e bicicletas disponíveis para aluguel. *Mapa J4 • Rua Marechal Cantuária 168, Urca • (21) 2295 7805 • $*

6 Che Lagarto Hostel
Esta pousada de uma rede argentina, cuja temática é o lagarto, abriga festas. Ao contrário da maioria das pousadas, a Che Lagarto não oferece serviço de traslado. Há outra filial da rede em Copacabana. *Mapa M5 • Rua Paul Redfern 48, Ipanema • (21) 2512 8076 • www.chelagarto.com • $*

7 Rio Hostel Santa Teresa
Esta pousada fica ao lado de um dos morros íngremes de Santa Teresa e tem piscina. Muitos dos quartos oferecem vistas maravilhosas da cidade. *Mapa V5 • Rua Joaquim Murtinho 361, Santa Teresa • (21) 3852 0827 • www.riohostel.com • $*

8 Sun Rio Hostel
Melhor pousada pequena em Botafogo, fica em uma casa reformada próxima aos restaurantes e lojas do bairro. Os quartos são meticulosamente limpos; alguns deles têm banheiro privativo. *Mapa H4 • Praia de Botafogo 462, casa 5, Botafogo • (21) 2226 0461 • www.sunriohostel.com.br • $*

9 Lemon Spirit Hostel
Esta pequena pousada, com minúsculo pátio nos fundos e um bar, é uma das raras opções baratas no Leblon. Está em uma casa, e alguns quartos são apertados; portanto, veja alguns antes de fazer o check-in. *Mapa L5 • Rua Cupertino Durão 56, Leblon • (21) 2294 1853 • www.lemonspirit.com • $*

10 Casa 6
Em uma rua secundária, esta pousada de um francês tem alguns quartos mal ventilados, de forma que é melhor ver alguns antes de se instalar. O ambiente é tranquilo e não atrai turistas ruidosos e pouco atentos à privacidade. *Mapa M5 • Rua Barão da Torre 175, casa 6, Ipanema • (21) 2247 1384 • www.casa6ipanema.com • $*

A vista descortinada da piscina do Abracadabra

Categorias de Preço

Para quarto padrão de casal, por noite, com café da manhã (se incluído), impostos e taxas adicionais.

$	até R$100
$$	R$100-R$170
$$$	R$170-R$300
$$$$	R$300-R$400
$$$$$	mais de R$400

TOP 10 Hotéis no Estado do Rio

1 Casas Brancas

O hotel mais luxuoso de Búzios é composto por uma série de *villas* em estilo mouro ao lado de um morro voltado para o oceano Atlântico e a ilha Branca. O centro da cidade e os melhores restaurantes e lojas ficam a 5 minutos de caminhada e há aluguel de buggies. O hotel tem um spa excelente e um restaurante charmoso. *Mapa C2 • Alto do Humaitá 8, Búzios • (22) 2623 1458 • www.casasbrancas.com.br • $$$*

2 Abracadabra

Este estabelecimento oferece as mesmas vistas invejáveis do oceano Atlântico que o hotel coligado, o Casas Brancas, mas seus quartos são menores e mais simples, e as tarifas, mais acessíveis. *Mapa C2 • Alto do Humaitá 13, Búzios • (22) 2623 1217 • www.abracadabrapousada.com.br • $$*

3 Brigitta's

Situada de frente para as águas, esta pequena pousada artística e restaurante no centro da cidade foi batizada em homenagem à atriz francesa Brigitte Bardot, cuja estada na década de 1960 teve o mérito de colocar a então aldeia pesqueira no mapa internacional. Há somente quatro quartos minúsculos, cada um com decoração própria. *Mapa C2 • Rua das Pedras 131, Búzios • (22) 2623 6157 • www.buziosonline.com.br/brigitta • $*

4 Sítio do Lobo

Só se chega de barco a esta luxuosa casa em um sítio, atrás das encostas cobertas pela floresta tropical da Ilha Grande. Muitos quartos são minúsculos, mas a suíte master é o máximo em hospedagem na ilha. *Mapa A2 • Enseada das Estrelas, Ilha Grande • (24) 2227 4138 • www.sitiodolobo.com.br • $$$$$*

5 Hotel Donati

O melhor hotel de Itatiaia fica em meio à floresta tropical. Trilhas partem dos chalés rumo ao parque nacional e, mediante pedido com antecedência, o hotel pode fornecer guias. *Mapa A2 • Estrada do Parque Nacional, km 9,5, Parque Nacional do Itatiaia • (24) 3352 1110 • www.hoteldonati.com.br • $$$*

6 Hotel Chalés Terra Nova

Com chalés charmosos na orla da mata, este hotel tem uma piscina em um jardim tropical repleto de pavões e colibris. Também organiza atividades leves em meio à natureza. *Mapa A2 • Estrada do Parque Nacional, km 4,5, Parque Nacional do Itatiaia • (24) 3352 1458 • www.chalesterranova.com.br • $$*

7 Solar do Império

O hotel mais luxuoso de Petrópolis fica na principal avenida da cidade e muito próximo das maiores atrações turísticas. Entre outras instalações, o hotel dispõe de um excelente restaurante. *Mapa B2 • Av Koeler 376, Petrópolis • (024) 2103 3000 • www.solardoimperio.com.br • $$$$*

8 Pousada do Sandi

A pousada mais confortável e graciosa entre as existentes no centro colonial de Paraty tem uma piscina no átrio, um bom restaurante e um bar. *Mapa A2 • Rua do Rosário 1, Paraty • (24) 3371 2100 • www.pousadadosandi.com.br • $$*

9 Hotel Coxixo

Este hotel é um santuário dedicado à sua proprietária, a octogenária atriz Maria Della Costa. As duas suítes no andar superior estão entre as melhores acomodações da cidade. *Mapa A2 • Rua do Comércio 362, Paraty • (24) 3371 8325 • www.hotelcoxixo.com.br • $*

10 Pousada Bromélias

Com bangalôs de luxo completamente integrados à Mata Atlântica, este hotel e spa é ideal para relaxar e recuperar as energias. Os tratamentos disponíveis variam de reiki a massagem com aromaterapia. Há piscina, quadras de tênis e um restaurante decente. Fica a 20 minutos de Paraty. *Mapa A2 • Rodovia Rio-Santos (BR-101), km 558, Graúna, Paraty • (21) 3371 2791 • www.pousadabromelias.com.br • $$*

Índice

Agradecimentos

O Autor
Alex Robinson é jornalista e fotógrafo e divide seu tempo entre o Reino Unido e o Brasil. Especializado em viagens de luxo, aventuras, cultura portuguesa e música, tem trabalhos publicados pela editora Dorling Kindersley e por publicações como *New York Times, Departures, Sunday Times Travel, M, Marie Claire* e *Nota Bene*. Saiba mais sobre Alex no site www.alexrobinsonphotography.co.uk

Editor
Douglas Amrine

Gerente de Listas
Christine Stroyan

Editor de Arte
Mabel Chan

Editor Sênior
Sadie Smith

Editor do Projeto
Alexandra Farrell

Designer do Projeto
Shahid Mahmood

Editor Sênior de Cartografia
Casper Morris

Cartógrafo Sênior
Suresh Kumar

Cartógrafo
Jasneet Kaur Arora

Diagramador
Natasha Lu

Controlador de Produção
Imogen Boase

Fotógrafo Principal
Alex Robinson

Fotógrafo
Demetrio Carrasco

Checadores de Informação
Huw Hennessy, Suzana Wester dos Santos Ribeiro

Revisores (Editorial e Design)
Louise Abbott/cobalt id; Emer FitzGerald; Maite Lantaron; Rada Radojicic

Revisores (Pesquisa Iconográfica)
Marta Bescos; Ellen Root

Créditos das Imagens
a-acima/alto; b-abaixo/embaixo; c-centro; e-esquerda; d-direita.

As obras de arte nas páginas indicadas foram reproduzidas com a autorização dos seguintes detentores dos direitos:

www.tarsiladoamaral.com.br *Autorretrato* ou *Le Manteau Rouge* 16ce; Cândido Portinari (1903-62) *Café*, óleo sobre tela, 1935, reprodução autorizada por João Cândido Portinari 16bc.

O fotógrafo, os redatores e o editor gostariam de agradecer às seguintes pessoas, empresas e bancos de imagem pela permissão de reproduzir suas fotos:

4CORNERSIMAGES: SIME/Hans Peter Huber 4-5.

Cortesia of www.ABRACADABRA.COM.BR: 117tl.

AGÊNCIA O GLOBO: Marcelo Carnaval 32ac; Mônica Imbuzeiro 15bc, 32ad; André Teixeira 40ad; Marco Antônio Teixeira 49ad.

ALAMY: Brazil Photos/Ricardo Beliel 52b; Laura Coelho 18c; Chad Ehlers 64-5; Iconotec 32b; Wolfgang Kaehler 13be; Mountain Light/Galen Rowell 10-11c; South America 78-9; The London Art Archive 30be; travel44 3ad, 38b; Peter Treanor 25cda, 32ae; Andrew Woodley 41ae.

Cortesia do BEST WESTERN SOL IPANEMA HOTEL: 114ac.

THE BRIDGEMAN ART LIBRARY: *Independência ou Morte – Grito do Ipiranga em 7 de Setembro de 1822* (óleo sobre tela), Pedro Américo (1843-1905) 30a.

Cortesia da BURLE MARX & Cia. LTDA: 73b.

Cortesia do CASAS BRANCAS BOUTIQUE–HOTEL & SPA: 111ac.

COLEÇÃO MUSEU NACIONAL DE BELAS ARTES/IPHAN/MinC: foto Vicente de Mello 16ce; foto Jaime Acioli 17cd; detalhe de foto César Barreto 17cb.

CORBIS: JAI/Jane Sweeney 3be; João Luiz Bulcão 43ae; Gregg Newton 103ae; David Pollack 9ad; José Fuste Raga 56-7.

FSB COMUNICAÇÕES: Marluce Balbino 12cb; Robson Santos 6cd.

GETTY IMAGES: Gallo Images/ Roger de la Harpe 25-26c.

Cortesia do HOTEL FASANO, RIO DE JANEIRO: 44be.

Cortesia do HOTEL MARINA PALACE: 114ae.

Cortesia do LEMON SPIRIT HOSTEL: 116ac.

Cortesia do www.MAMARUISA. COM: 113ae.

MUSEU HISTÓRICO NACIONAL: 7ca, 20cb, 20-21c, 21be.

PHOTOLIBRARY: Japan Travel Bureau 26-7c; Photononstop 92-3; Robert Harding Travel 28-9.

Cortesia de www.POSTO9.COM: 40ae.

Cortesia do RIO HOSTEL, IPANEMA: 107ae.

Cortesia do RIO HOSTEL, SANTA TERESA: 116ae.

Cortesia de www.RIOAPART MENTS.COM: 111ad.

Cortesia de www.RIOGAY PARADE.COM: 106ae.

Cortesia de www.RIOHIKING. COM.BR: 13cda.

TYBA AGÊNCIA FOTOGRÁFICA: J.R.Couto 70ae; Rogério Reis 39ae; M.A.Rezende 70ad.

VISAGE MEDIA SERVICES: Time & Life Pictures 31ae.

Guia de Ruas

1º de Março, Rua X2
7 de Setembro, Rua W3
19 de Fevereiro, Rua Q1
Afrânio de Melo Franco, Av L5
Aires de Saldanha, Rua Q5
Alfândega, Rua da W2
Almirante Alexandrino, Rua V6
Almirante Barroso, Av X3
Almirante Belford Vieira, Praça M5
André Rebouças, Túnel F3
Aníbal de Mendonça, Rua M5
Antônio Rebouças, Túnel F3
Aprazível, Rua U6
Aqueduto, Rua do U6
Araújo Porto Alegre, Rua X3
Arcos, Rua dos W4
Aristídes Espínola, Rua K5
Arpoador, Praça do P6
Assembleia, Rua da X3
Ataulfo de Paiva, Av L5
Atlântica, Av Q4
Augusto Severo, Av X5
Barão da Torre, Rua N5
Barão de Jaguaripe, Rua N5
Barão de Petrópolis, Rua F3
Barata Ribeiro, Rua Q4
Bartolomeu Mitre, Av L5
Bolívar, Rua Q4
Borges de Medeiros, Av M5
Botafogo, Praia de H4
Boticário, Largo do G3
Buenos Aires, Rua W2
Carioca, Rua da W3
Carlos Góis, Rua L5
Catete, Rua do W6
Cinelândia X4
Comércio, Travessa do X2
Conceição, Rua da V2
Conde de Bonfim, Rua D3
Constante Ramos, Rua Q4
Constituição, Rua da V3
Cosme Velho, Rua G3
Cupertino Durão, Rua L5
Delfim Moreira, Av L6
Dias Ferreira, Rua K5
Dois Irmãos, Túnel K5
Domingos Ferreira, Rua Q4
Duvivier, Rua R3
Eleone de Almeida, Rua T5
Engenheiro Freyssinet, Av F2
Epitácio Pessoa, Av N4
Evaristo da Veiga, Rua W4
Farme de Amoedo, Rua N5
Figueiredo de Magalhães, Rua Q3
Fonte da Saudade, Rua da N2
Francisco Bicalho, Av F1
Francisco Otaviano, Rua P6
Frei Caneca, Rua T4
Garcia d'Ávila, Rua M5
General Artigas, Rua K5
General Justo, Av Y3
General Osório, Praça P5
General Polidoro, Rua Q2
General San Martin, Av L5
General Urquiza, Rua L5
General Venâncio Flores, Rua L5
Glória, Ladeira da X6
Glória, Rua da W5
Gomes Carneiro, Rua P6
Gomes Freire, Av V4
Gonçalves Dias, Rua W3
Gonçalves Ledo, Rua V3
Graça Aranha, Av X3
Guilhermina Guinle, Rua Q1
Guimarães, Largo dos V6
Henrique Dodsworth, Av P4
Henrique Dumont, Av M5
Henrique Valadares, Av U4
Hilário de Gouveia, Rua Q3
Humaitá, Rua P2
Humberto de Campos, Rua L5
Infante Dom Henrique, Av X5
Inválidos, Rua dos V4
Jardel Jerculis, Rua X4
Jardim Botânico, Rua M2
Joana Angélica, Rua N5
João Lira, Rua L5
Joaquim Murtinho, Rua V5
Joaquim Nabuco, Rua P6
Joaquim Silva, Rua W5
José Linhares, Rua L5
Kubitschek, Av X2
Lagoa-Barra, Estrada D6
Lapa, Rua da W5
Laranjeiras, Rua das G3
Lauro Sodré, Av R1
Lavradio, Rua do V4
Leme, Ladeira do R2
Lineu de Paula Machado, Av M3
Major Vaz, Túnel Q4
Maracanã, Av D3
Marechal Floriano, Av U2
Maria Quitéria, Rua N5
Marquês de Abrantes, Rua H3
Marquês de São Vicente, Rua K4
Matriz, Rua da Q1
Mem de Sá, Av V4
Mercado, Rua do X2
México, Rua X4
Miguel Lemos, Rua P4
Monroe, Praça de X4
Monte Alegre, Rua U6
Nações Unidas, Av das H4
Nascimento Silva, Rua M5
Neves, Largo das T5
Niemeyer, Av K6
Nilo Peçanha, Av X3
Nossa Senhora da Paz, Praça N5
Nossa Senhora de Copacabana, Av Q4
Novo, Túnel R2
Oitis, Rua dos K4
Oriente, Rua do U5
Osvaldo Cruz, Av H3
Ouvidor, Rua do W2
Pacheco Leão, Rua L3
Padre Leonel França, Av K4
Paissandu, Rua H3
Paschoal Carlos Magno, Rua U6
Passeio, Rua do W4
Passos, Av V2
Pasteur, Av S1
Paula Freitas, Rua R3
Pimentel Duarte, Praça R1
Pinheiro Machado, Rua G3
Pio X, Praça W2
Pompeu Loureiro, Rua P4
Portugal, Av S1
Pref. Sá Freire Alvim, Túnel P5
Pres. Antônio Carlos, Av X3
Pres. Vargas, Av V2
Pres. Wilson, Av X4
Princesa Isabel, Av S3
Prof. Álvaro Rodrigues, Rua Q1
Progresso, Rua U5
Prudente de Morais, Rua N5
Quitanda, Rua da X2
Rainha Elizabeth, Av P6
Rainha Guilhermina, Rua K5
Redentor, Rua M5
Regente Feijó, Rua V3
República do Chile, Av W3
República do Paraguai, Av W4
República do Peru, Rua R3
República, Praça da U3
Rezende, Rua do V4
Riachuelo, Rua T4
Rio Branco, Av W2
Rio Comprido, Túnel G3
Rita Ludolf, Rua K6
Rodolfo Dantas, Rua R3
Rodrigo Otávio, Av K4
Rodrigues Alves, Av F1
Ronald de Carvalho, Rua R3
Rosário, Rua do W2
Rui Barbosa, Av H4
Salvador de Sá, Av G2
Santa Bárbara, Túnel G3
Santa Luzia, Rua X4
Santa Teresa, Ladeira de W5
Santos Dumont, Praça K4
São Clemente, Rua Q1
São João Batista, Rua Q1
São José, Rua X3
Selarón, Escadaria W5
Senado, Rua do V3
Senador Dantas, Rua W4
Senhor dos Passos, Rua V3
Siqueira Campos, Rua Q3
Teatro, Rua do W3
Teixeira de Freitas, Rua W4
Teixeira de Melo, Rua P5
Tiradentes, Praça V3
Tonelero, Rua Q3
Uruguaiana, Rua W3
Velho, Túnel Q2
Vieira Souto, Av N6
Vinicius de Moraes, Rua N5
Visconde de Albuquerque, Av K5
Visconde de Pirajá, Rua N5
Visconde do Rio Branco, Rua U3
Visconde de Inhaúma, Rua W2
Voluntários da Pátria, Rua Q1
XV, Praça X2

Confira a coleção completa

Conheça também:

Guias Visuais

Os guias que mostram o que os outros só contam

África do Sul • Alemanha • Argentina • Austrália • Áustria • Barcelona e Catalunha • Brasil • Califórnia • Canadá • Caribe • Chile e Ilha de Páscoa China • Costa Rica • Croácia • Cuba • Egito • Espanha • Estados Unidos Estônia, Letônia e Lituânia • Europa • Flórida • França • Holanda • Ilhas Gregas e Atenas • Índia • Inglaterra, Escócia e País de Gales • Irlanda • Istambul Itália • Japão • Jerusalém e a Terra Santa • Londres • Madri • México Nova York • Nova Zelândia • Paris • Peru • Portugal, Madeira e Açores Praga • Roma • São Francisco e Norte da Califórnia • Suíça • Turquia Vietnã e Angkor Wat • Walt Disney World® Resort & Orlando

Guias Visuais de Bolso

Guia e mapa – A cidade na palma da mão

Amsterdã • Berlim • Boston • Edimburgo • Londres • Madri Melbourne • Nova York • Paris • Praga • Roma • São Francisco Sevilha • Sydney • Toronto • Vancouver • Veneza

Guias de Conversação para Viagens

Manual prático para você se comunicar

Alemão • Árabe • Chinês • Espanhol • Europa • Francês Grego • Holandês • Inglês • Italiano • Japonês • Portuguese Russo • Tailandês • Tcheco • Turco

Acompanhe os próximos lançamentos no site da Publifolha
www.publifolha.com.br